西餐厨务与5S管理

主　编　韩　旭　李嘉俊　陈欢欢　李睦明
副主编　丘巴比　曾文亮　黎梓亮　林扬茹
　　　　邓淞升　谢志军
参　编　陈伟波　陈柔豪　陈锡泉　丁　玄　邓振锋
　　　　龚衍英　黄益宏　李正旭　林浩庭　罗树栋
　　　　谭小苗　杨莹汕　叶易泉

重庆大学出版社

内容提要

本书是一本面向西餐日常厨务工作与现场5S管理的综合性实用教材。本书按照"任务驱动"的教学模式进行编写,将日常厨务工作与5S管理的能力按照素养、知识、技术、管理四大能力类型拆解为35个任务,为课堂和岗位教学提供清晰明了的知识体系和可评可测的评价依据。本书适合职业教育层次"西餐厨务""厨房5S管理""酒店管理"等专业教学使用。本书教学内容与时俱进,紧贴职业岗位需求,还配有教学视频,为用书教师实施课堂教学提供全面保障。

图书在版编目(CIP)数据

西餐厨务与5S管理 / 韩旭等主编. -- 重庆:重庆
大学出版社, 2025.7. -- ISBN 978-7-5689-5487-7
Ⅰ. F719.2
中国国家版本馆CIP数据核字第2025N9V976号

西餐厨务与5S管理

主 编 韩 旭 李嘉俊 陈欢欢 李睦明
策划编辑:沈 静
责任编辑:关德强 版式设计:沈 静
责任校对:刘志刚 责任印制:张 策

*

重庆大学出版社出版发行
社址:重庆市沙坪坝区大学城西路21号
邮编:401331
电话:(023)88617190 88617185(中小学)
传真:(023)88617186 88617166
网址:http://www.cqup.com.cn
邮箱:fxk@cqup.com.cn(营销中心)
全国新华书店经销
重庆长虹印务有限公司印刷

*

开本:787mm×1092mm 1/16 印张:11.5 字数:288千
2025年7月第1版 2025年7月第1次印刷
印数:1—1 000
ISBN 978-7-5689-5487-7 定价:55.00元

推荐者语

　　《西餐厨务与5S管理》是中英双语教材，它深入浅出地介绍了西餐厨房的构成、各岗位厨师的工作职责，以及西餐厨房的各种运营管理制度。特别值得一提的是，作者将5S管理理念巧妙地融入西餐厨房管理中，并加入图例说明，从工具设备标准摆放、日常清洁的执行、食品安全与生产安全、原材料的验收与保管等方面，每一个环节都讲解得细致入微。

　　我被书中的实用案例所吸引，它教会了从业人员如何将5S管理理念应用到日常的厨房工作中，使得厨房管理变得更加高效和有序。我强烈推荐这本《西餐厨务与5S管理》给所有从事西餐厨房管理的人，它值得一读再读，相信你们一定能从这本书中获得宝贵的知识和灵感。

国家题库西式烹调师命题专家

广东省职业技能鉴定西式烹饪专家组组长

原广州白天鹅宾馆行政总厨

——江海强

推荐者语

在当今餐饮消费市场中，西餐行业蓬勃发展，消费者对西餐产品的品质、用餐体验及服务管理等要求不断攀升。因此，西餐厨务与5S管理课程有必要借鉴国内和国际的先进经验和理念，向专业化、标准化迈进。教材《西餐厨务与5S管理》应需登场，恰如其时。

本书跳出传统烹饪技法教程框架，聚焦西餐日常厨务实操与5S管理，兼具综合性与实用性。章节编排紧扣厨务一线需求，紧盯行业风向，确保知识"鲜度"。重点内容双语呈现，借理论、图文案例，助学生对标行业标杆，将职场新规范、英文术语融入学习，无缝衔接学业与就业。既夯实学生厨务实操功底，开启职业坦途，又为行业输送适配人才，激活发展潜能，强化其职场实战力与就业优势。

本书遵循"任务驱动"法，依"素养、知识、技术、管理"维度，把厨务与5S管理细化为35个任务，为教学明确定位，兼具评价功能。适配职校西餐、厨房管理、酒店管理等专业，配套教学视频，为教师教学全程护航。

相信本书会成为西餐职业教育的得力帮手，助力莘莘学子逐梦餐饮职场，推动西餐行业迈向新高度。

四川旅游学院烹饪与食品科学工程学院　李晓副教授

前　言

随着我国餐饮市场的多元化发展，西餐行业正迎来前所未有的机遇与挑战。消费者对西餐的品质、安全、服务及用餐体验提出了更高要求，行业对具备专业技能与规范化管理能力的西餐厨务人才需求日益迫切。在此背景下，《西餐厨务与5S管理》一书应运而生。本书旨在为西餐厨务领域的管理教学提供一套系统、实用、兼具国际视野与本土化特色的指导方案。

本书既适用于职业院校西餐烹饪、酒店管理、厨房管理等专业教学，也可作为西餐厨房从业人员的岗前培训与在职提升参考资料。我们期望通过这本书，能培养其规范化管理意识与职业发展潜力，为西餐行业输送更多"懂技术、善管理、有素养"的复合型人才。

本书以"培养符合行业标准的高素质西餐厨务人才"为核心目标，打破传统烹饪教材重技法、轻管理的局限，首次将"5S管理"（常组织、常整顿、常清洁、常规范、常自律）理念与西餐厨务实操深度融合。编写团队结合多年五星级酒店西餐厨房运营经验与职业教育实践，聚焦行业痛点与人才培养需求，力求实现以下特色。

第一，内容体系的系统性与实用性。

本书涵盖西餐厨房功能区设置、岗位职责、职业素养、5S管理落地、工具设备使用、食品安全、原材料管理等核心内容，既包括西餐文化、刀工技法等基础技能，也包括成本控制、绩效考核等管理知识。通过35个细化任务，将"职业素养、职业知识、职业技术、职业管理"四大能力培养目标拆解为可操作、可评估的具体实践，确保学生既能夯实技术功底，又能掌握现代厨房管理思维。

第二，5S管理的深度融入与场景化呈现。

作为本书的核心亮点，5S管理并非抽象概念，而是贯穿西餐厨房日常运营的每一个环节：从工具的标准化摆放、原材料的"先进先出"存储，到岗位卫生的责任落实、食品安全的风险防控，均通过图例、案例及实操流程详细说明，帮助学生理解"规范带来效率，细节决定品质"的管理逻辑，培养"人人自律、事事规范"的职业习惯。

第三，双语呈现。

本书采用中英双语对照形式，关键术语、岗位名称、操作标准等标注英文表达，助力学生熟悉国际西餐行业的通用语言与规范，无缝衔接国际餐饮职场环境。

第四，任务驱动与教学资源配套。

本书遵循"任务驱动"教学法，每个任务明确学习目标、建议方法及能力培养方向，并配套二维码索引的实操视频（如磨刀石磨刀、锴刀、刀的基本应用等），为师生提供"学—练—评"一体化的教学支持。此外，书中的绩效考核表、5S审核标准等工具表单，可直接应用于教学实践与职场管理，提升本书的实用价值。

本书由韩旭、李嘉俊、曾文亮、林扬茹负责大纲、样章编写；李睦明、丘巴比负责统稿；李嘉俊、邓淞升、黎梓亮负责校对及配套资源。本书具体编写分工如下：前言由谢志军编写；教材使用说明由陈欢欢编写；单元1西餐管理岗位与5S管理概述由李嘉俊、陈伟波、陈柔豪、陈锡泉编写；单元2西厨日常使用的工具及管理由韩旭、丁玄、邓振锋编写；单元3工作岗位的"常清洁"由陈欢欢、龚衍英、黄益宏编写；单元4西餐厨房的安全管理由李嘉俊、李正旭、林浩庭编写；单元5原材料的日常管理由韩旭、罗树栋、谭小苗编写；单元6西餐厨房的财务管理由李睦明、杨莹汕、叶易泉编写。

由于编者水平有限，书中难免存有疏漏与不足之处，恳请广大读者、同行专家提出宝贵的意见和建议，以便我们持续完善，共同推动西餐厨务教育与行业发展迈向新高度。

编　者

2025年3月

教材使用说明

一、四大能力建设范畴

本书将"任务驱动"的教学模式深度融入"西餐厨师"职业能力培育的全过程，精心构筑了一个多维度的教学与评价体系。该体系以四大核心能力建设范畴——职业素养、职业知识、职业技术与职业管理为基石，每一范畴均承载了明确的职业能力培养目标。在此基础上，体系细化出35个具体的能力建设任务，作为实践路径，辅以个性化的能力学习策略和精细化的学习难度评估体系，以确保教学的有效性与针对性。

根据西餐厨师岗位工作的实际要求与个人能力发展的综合考量，我们将职业能力建设任务条理清晰地划分为上述四大范畴。每个范畴不仅配有详尽的能力描述，明确了从业人员应达到的职业标准，还设计了多样化的能力展现形式，旨在全方位提升西餐厨师的专业素养与实战能力。这一系统化的构建，不仅为西餐厨师的职业生涯发展铺设了坚实的基石，也为教育者和学习者提供了一套高效、科学的成长指南。

关于四个能力建设范畴的描述

能力建设	能力描述	能力体现形式
职业素养	包括培养学生对职业和岗位工作内容的认知，对职业发展路径的了解，对岗位相关文化的深入了解并建立职业认同感，对岗位工作的仪容、仪表要求的认知和执行等。	对岗位从业要求的理解能力和执行能力。
职业知识	包括完成岗位工作所需具备的相关知识储备，主要体现为阅读能力和记忆能力的培养。	对相关知识的解读能力和记忆能力。
职业技术	包括完成岗位工作所需要具备的技术技能的培养和训练。	对技术操作流程的记忆能力和动手操作能力。
职业管理	包括在完成岗位工作过程中所要具备的对厨房现场的管理能力。	对现象的分析能力，对人、事、物的统筹管理能力，对工作的规划能力。

二、四大能力建设图例说明

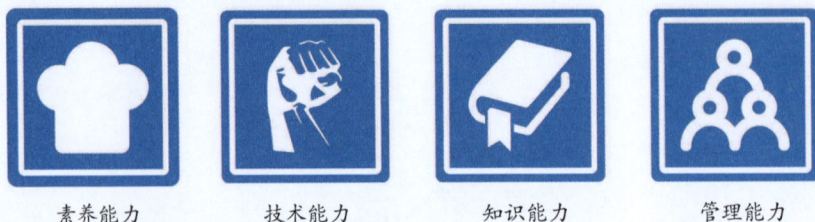

素养能力　　技术能力　　知识能力　　管理能力

在本书中，我们会在每一个任务内容阐述和解析后，以"任务标签"的形式对其加以注明。

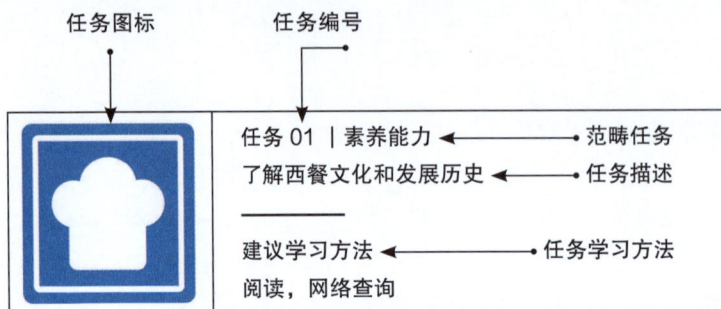

任务图标　　　　任务编号

任务 01 ｜素养能力 ← 范畴任务
了解西餐文化和发展历史 ← 任务描述

建议学习方法 ← 任务学习方法
阅读，网络查询

"任务标签"是一个教学辅助工具，贯穿教材始终。"任务标签"中除了提供任务范畴、任务描述等信息，还根据编者的教学经验，给出了任务学习方法，供老师和学生参考。

二维码索引

序号	名称	二维码	页码
A	磨刀石磨刀	磨刀石磨刀	P62
B	铤刀	铤刀	P63
C	刀的基本运用	刀的基本运用	P65

续表

序号	名称	二维码	页码
D	切割蔬菜	切割蔬菜	P66
E	圆形蔬菜或水果的刀工处理	圆形蔬菜或 水果的刀工处理	P67

目录

目 录

单元 1

西餐管理岗位与 5S管理概述

　　本单元全面而深入地剖析了"西厨"岗位的职能范畴、职业成长轨迹以及绩效考核体系，为有志于此领域的学习者提供了详尽的指导。

　　本单元明确了"西厨"岗位在职业着装、个人仪容仪表及工作行为规范等方面的具体要求，为专业形象的塑造和职业标准的遵循提供了清晰的指导。

　　同时，本单元也介绍了现场5S管理的入门知识，为学习后续单元的管理内容打下基础。

　　对本单元内容的深入学习，无疑是踏入"西厨"职业生涯、奠定坚实基础的重要一步。

1.1 西餐功能区与岗位的设置

1.1.1 西餐文化

> 任务 01 | 素养能力
> 了解西餐文化和发展历史
> ————
> 建议学习方法
> 阅读，网络查询

1）西餐的定义

西餐英文名为Western Cuisine，西餐是西式餐饮的统称。从广义上讲，也可以说是对西方餐饮文化的统称。

2）典雅高贵且浓重朴实的西餐之母——意大利菜

意大利的菜肴源自古罗马帝国宫廷，有着浓郁的文艺复兴时代佛罗伦萨的膳食情韵。意大利菜典雅高贵、浓重朴实，讲究原汁原味。源远流长的意大利菜，对欧美国家的餐饮产生了深厚影响，并发展出包括法国菜、美国菜在内的多种派系，故有"西餐之母"的美称。

3）用餐礼仪发挥到极致——法式大餐

西餐的众多用餐礼仪其实大多都是吃法式大餐时才会用到的，注重仪式感的法国人，在用餐上更是马虎不得。

法式大餐源于法国，起源于中世纪贵族的宫廷宴会，后逐渐发展成为法国餐饮文化的代表。法式大餐不仅注重食材的选用和烹饪技巧，更注重餐桌礼仪和用餐氛围的营造。法餐的精美和仪式感不仅体现在用餐礼仪上，每道菜品的摆盘更像是将一件赏心悦目的艺术品呈现在你面前，蕴含着丰富的文化内涵，反映了法国人对美食的热爱和追求。

4）法式大餐的演变——俄式菜肴

沙皇俄国时期的俄罗斯上层人士非常崇拜法国，贵族不仅以讲法语为荣，而且饮食和烹饪技术也主要学习法国。由此俄罗斯的饮食开始多样化，并且出现了一些高级饮食习惯。贵族们追求奢华的宴会，各种珍贵的食材被用于烹饪，使得俄罗斯的饮食文化更加丰富多样。

因为地域偏北的关系，常年处于低温天气，俄式菜肴讲究高热量，并逐渐形成独特的烹调特色。

5）自助式餐饮＋啤酒——德式菜肴

德国人对饮食并不像意大利人或是法国人那么讲究，而是喜欢食物本身的味道，不求过多的礼仪和精美的摆盘制作，只求质朴的营养实惠。

首先德国菜在口味上比较重，在原材料的选择上偏好肉类、肝脏类，调味品方面使用大量芥末、白酒、牛油等，而在烹调上较常使用简单的煮、炖、烩、烤等方式。

6）简单快捷＋用餐礼仪——英式菜肴

公元1066年，法国的诺曼底公爵威廉继承了英国王位，带来了灿烂的法国和意大利的饮食文化，为传统的英国菜打下基础。但是受地理及自然条件所限，英国的农业因气候等原因粮食产量少，粮食每年都要进口，而且英国人也不像法国人那样崇尚美食，因此英国菜相对来说比较简单，最出名的大概是fish and chips。

1.1.2 西餐厨房功能区

	任务 02｜素养能力
	了解西餐厨房常见的功能区
	———
	建议学习方法
	阅读，网络查询

　　刚入职的新人，应该首先了解西餐功能区的划分，这对于他们更好地融入工作环境、提高工作效率、优化服务、增强团队协作以及提升顾客体验都具有重要意义。

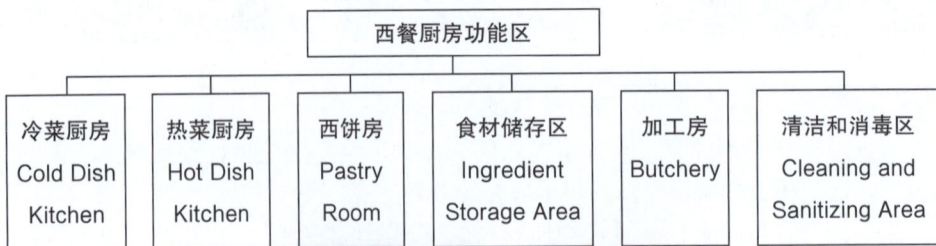

西餐厨房功能区					
冷菜厨房 Cold Dish Kitchen	热菜厨房 Hot Dish Kitchen	西饼房 Pastry Room	食材储存区 Ingredient Storage Area	加工房 Butchery	清洁和消毒区 Cleaning and Sanitizing Area

功能区	功能区作用
冷菜厨房	用于制作沙拉（Salad）、寿司（Sushi）、三明治（Sandwich）和水果（Fruit）、冰淇淋（Ice Cream）及其他冷盘菜肴（Cold Dishes）。
热菜厨房	用于制作汤类（Soup）、酱汁（Sauce）、烤制食物（Grill）（牛扒、烤肉、烤鱼和其他需要烤制的食物）、蒸菜（Steamed Dishes）、炖菜（Stewed Dishes）、意粉（Italian Pasta）及其他热菜菜肴（Hot Dishes）。
西饼房	专门用于烘焙面包（Bread）、蛋糕（Cake）、甜点（Dessert）和其他烘焙食品。
食材储存区	用于储存各种食材，如蔬菜（Vegetables）、肉类（Meat）、鱼类（Fish）、奶制品（Dairy Products）和干货（Dry Goods）等。
加工房	包含蔬菜加工房和粗加工房，用于收货（Receive Goods）、清洗（Wash）、切割（Cut）、腌制（Marinated）等，并为冷菜、热菜摆放好蔬菜、水果、牛奶、果汁等食材以供进一步烹饪。
清洁区和消毒区	用于餐具器皿的清洗与保存。

知识点：专间管理

西厨专间（Specialized Room）一般包括冷菜厨房（Cold Dish Kitchen）、裱花间（Decorating Room）、备餐间（Garnishing Area）三大类。专间内需要配备：

配备工具	说明
专用工具 Specialized tools	专间里只能使用配套的专用工具，不得使用其他操作间的工具。 Only matching specialized tools can be used in the Specialized Room, and tools from other operating rooms are not allowed to be used. 专间工具消毒——高温消毒（沸水/蒸汽100 ℃持续10分钟）。 High temperature disinfection: Boiling water/steam at 100 ℃ for 10 minutes. 专间工具消毒——紫外线消毒（放入专用的紫外线消毒设备）。 UV sterilisation: into dedicated UV sterilisation equipment. 供配制冷菜用的蔬菜、水果等食品原材料带入冷菜厨房前须清洗处理干净。 Vegetables, fruits and other food ingredients for cold dishes shall be cleaned and treated before they are brought into the cold dish kitchen.
专用冷藏设备 Dedicated refrigeration equipment	专间内配套专用的冷藏设备，当餐剩余食品应及时存放于专用冷藏冰箱。 Specialized cold storage equipment should be provided in the room, and leftover food from meals should be promptly stored in the designated refrigerator. 食品存放冰箱前应上盖（Close the Lid）、加膜（Cover with Plastic Wrap），贴好相应标签（Label the Container Clearly）。

续表

配备工具	说明	
专用洗手消毒设施 Dedicated handwashing and sanitization facilities	配备感应式水龙头+洗手液。 Sensor faucet+hand soap.	
	洗手消毒 Hand Disinfection	专间洗手消毒步骤1——手部清洗 Step1：Hand Wash 专间洗手消毒步骤2——手部消毒（75%酒精浓度） Step2：Disinfect Hands with 75% Alcohol
紫外线消毒注意事项 Caveat	在无人工作的情况下，消毒30分钟。 Sterilisation for 30 minutes without anyone working. 关闭15分钟后方可进入专间操作。 Wait at least 15 minutes after closure before entering the room.	

裱花间管理（示例）
①裱花间是一个专门的工作间，由专人负责，非工作间人员不准进入。 ②裱花间应当配备紫外线消毒灯、灭蚊灯等设备。 ③专间内应当设有专用冰箱、消毒柜等设备。 ④地面和墙体应当全贴瓷砖，顶部做集成吊顶。 ⑤入口处应当设有预进间（二次更衣室），内有洗手池和挂衣区。 ⑥专间内应当设有开闭式传递进料口、出餐口。 ⑦专间门应当有闭门器或为自动门，不得设置明渠，地漏应带水封。 ⑧工作时温度保持在25 ℃以下。 ⑨专间使用前应进行空气和操作台的消毒。使用紫外线灯消毒的，应在无人工作时开启30分钟以上。 ⑩操作人员进入专间前应更换洁净的工作衣帽，并将手洗净、消毒，操作时应戴口罩；操作人员操作过程中，要适时地消毒双手。 ⑪专间内使用的工具、容器，用前应消毒，用后应洗净并保持清洁；未经消毒的食品工用具、餐具和个人物品，不得进入专间。 ⑫进入专间的植物性食品必须经过清洗消毒，方可直接入口。裱浆和新鲜水果、奶油应当天加工，当天使用，并有专用冷藏设施存放。植脂奶油裱花蛋糕储藏温度在（3±2）℃，蛋白裱花蛋糕、奶油裱花蛋糕、人造奶油裱花蛋糕贮存温度不得超过20 ℃。 ⑬使用食品添加剂必须符合《食品添加剂使用标准》规定。 ⑭蛋糕坯应在专用冰箱中储存，储存温度10 ℃以下。冷加工糕点贮存时间不超过24小时。 ⑮不使用可疑变质、超过保质期及其他禁用食品。不重复使用即弃型裱花袋。 ⑯废弃物应用加盖的容器存放，并及时清理。

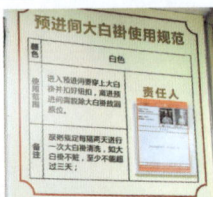 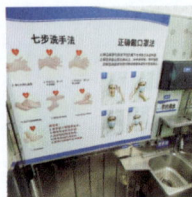

1.1.3　西餐厨师常见的职位

```
任务 03 ｜ 素养能力
了解不同模式西餐厅的岗位划分
—————————
建议学习方法
阅读，网络查询
```

1）西餐厨师岗位架构

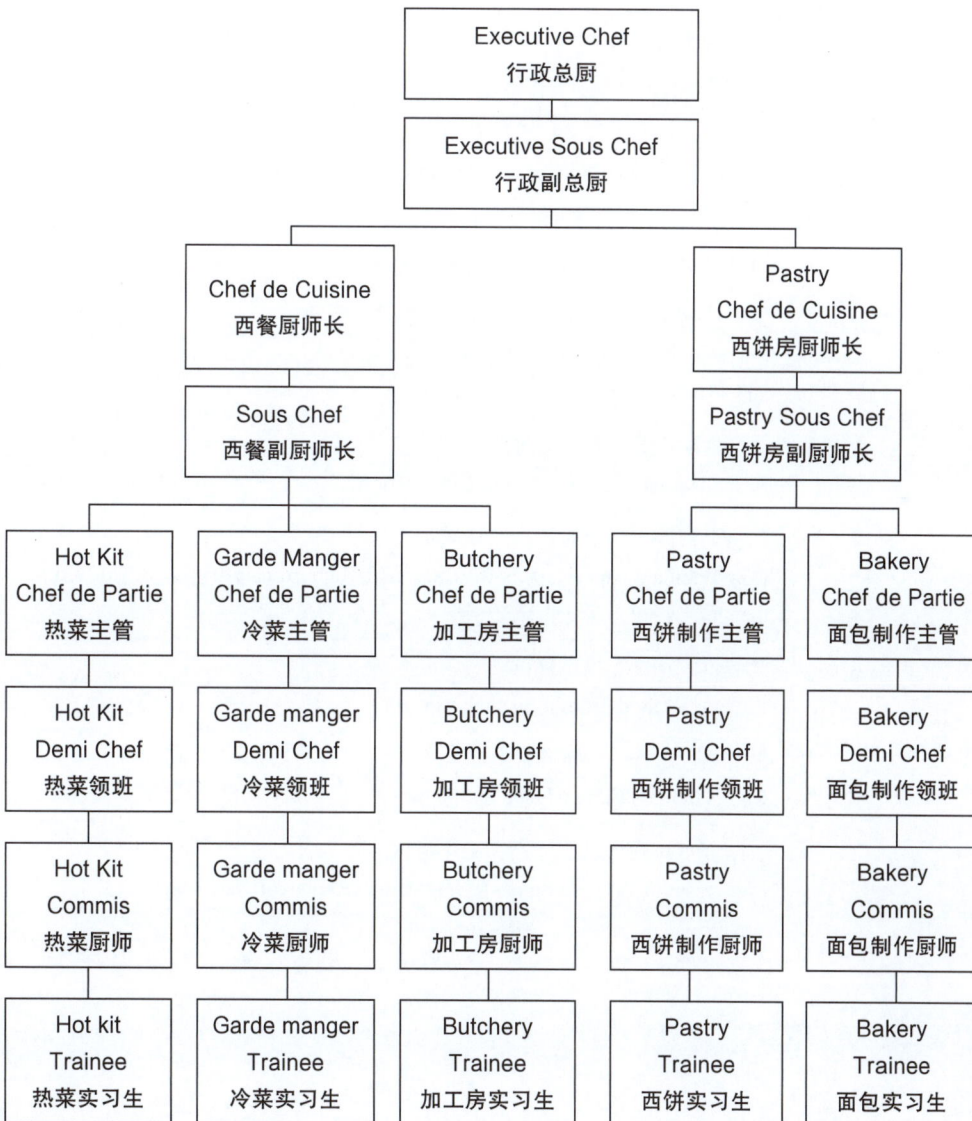

Executive Chef 行政总厨

| Executive Sous Chef 行政副总厨 |

| Chef de Cuisine 西餐厨师长 | Pastry Chef de Cuisine 西饼房厨师长 |

| Sous Chef 西餐副厨师长 | Pastry Sous Chef 西饼房副厨师长 |

Hot Kit Chef de Partie 热菜主管	Garde Manger Chef de Partie 冷菜主管	Butchery Chef de Partie 加工房主管	Pastry Chef de Partie 西饼制作主管	Bakery Chef de Partie 面包制作主管
Hot Kit Demi Chef 热菜领班	Garde manger Demi Chef 冷菜领班	Butchery Demi Chef 加工房领班	Pastry Demi Chef 西饼制作领班	Bakery Demi Chef 面包制作领班
Hot Kit Commis 热菜厨师	Garde manger Commis 冷菜厨师	Butchery Commis 加工房厨师	Pastry Commis 西饼制作厨师	Bakery Commis 面包制作厨师
Hot kit Trainee 热菜实习生	Garde manger Trainee 冷菜实习生	Butchery Trainee 加工房实习生	Pastry Trainee 西饼实习生	Bakery Trainee 面包实习生

2）西餐厨师岗位职责

（1）行政总厨 Executive Chef

管理层级关系 Management hierarchy	直接上司：餐饮部总监	工作地点 Work Location	西餐厨房
	直属下级：行政副总厨		
主要工作 Main Work	向餐饮部总监负责，全面管理及策划西餐厨房组织工作。 Responsible to the director of catering for the overall management and planning of the kitchen organisation.		
工作范围 Scope of Work	内容 Job Description		
	①定制所有餐单。 Customize menus.		
	②保证日常操作及运作，达到酒店所定下的利润及指标。 Ensure daily operations and achieve the profits and targets set by the hotel.		
	③管理西餐厨房人事和分配工作。 Manage kitchen personnel and assign tasks.		
	④保证厨房卫生质量达到国家法定标准。 Ensure that the kitchen hygiene quality meets the national statutory requirements and standards.		
	⑤负责餐厅菜式的创新推广。 Responsible for the promotion and creation of restaurant dishes.		
	⑥将上司的指示及时传达给下属员工。 Communicate supervisor's instructions to subordinate employees in a timely manner.		
	⑦提供一切食品推广建议。 Provide all food promotion suggestions.		
	⑧完成上级下达的工作任务。 Complete the tasks assigned by the boss.		
	⑨全面负责厨房员工考勤和工作考核。 Fully responsible for kitchen staff attendance and work assessment.		

职位权限 Position Authority	①制定西餐厨房各项管理制度和规章制度，并督促实施。 Formulate various management and regulations for western-style kitchens，and supervise their implementation. ②西餐厨房员工假期、人事升迁审批权。 Approval authority for holidays and personnel promotions for western-style kitchen staff. ③西餐厨房物品的领用审批权。 The authority to approve the use of Western-style kitchen supplies. ④挑选用具的情况，保证出品质量。 Carefully select tools to ensure product quality.

（2）行政副总厨Executive Sous Chef

管理层级关系 Management hierarchy	直接上司：行政总厨	工作地点 Work Location	西餐厨房
	直属下级：西餐厨师长，西饼房厨师长		
主要工作 Main Work	协助行政总厨的工作，并于行政总厨不当值时，确保西餐厨房运作正常。 Assist the Executive Chef in his/her work and ensure the smooth operation of the Western Kitchen when the Executive Chef is not on duty.		
工作范围 Scope of Work	内容 Job Description		
	①在行政总厨的指导下，负责西餐厨房各方面的工作。 Under the direction of the Executive Chef，responsible for over all aspects of Western cuisine Kitchen operations.		
	②在行政总厨的指导下，根据当地需求、市场需求、竞争情况、趋势、潜在成本、货源情况，制定菜单。 Under the direction of the Executive Chef，develop menus based on local needs，market demands，competition，trends，potential costs，and availability.		
	③根据行政总厨的要求，检查易损货物的品质，将每天的购货单上交行政总厨。 According to the requirements of the Executive Chef，check the quality of the perishable goods purchased and submit the daily purchase order to the Executive Chef.		
	④协助行政总厨并指导厨房的工作，协调与各部门的关系，并搞好活动，保持良好的内部工作关系。 Assist the Executive Chef and guide the work of the kitchen. Coordinate with various departments，organize activities and maintain good internal working relationships.		

续表

工作范围 Scope of Work	⑤在行政总厨的指导下，对人员进行面试、聘用，带员工熟悉环境，进行表扬、培训、劝告及停职等方面的工作。制订正式的培训计划并参加厨房员工的培训。 Under the direction of the Executive Chef, interview and hire personnel, familiarize employees with the environment, and provide praise, training, counseling, and suspensions. Develop formal training programs and participate in the training of kitchen staff.
	⑥监督厨房所有员工的工作、控制设施及成本，以尽可能增加效益。控制并分析以下各项：饭菜质量及外观、客人满意度、销售及促销、食品成本。 Supervise the work of all kitchen staff, control facilities and costs to maximize efficiency. Control and analyze the following: food quality and presentation, customer satisfaction, sales and promotions, food costs.
职位权限 Position Authority	①督促落实厨房各项管理和规章制度的实施。 Supervise the implementation of all kitchen management and regulations. ②检查西餐厨房员工考勤、假期。 Checking attendance and holidays of western kitchen staff. ③详细分配员工工作并进行督导。 Detailed assignment of employee work and supervision.

（3）西餐厨师长Chef de Cuisine

管理层级关系 Management hierarchy	直接上司：行政副总厨	工作地点 Work Location	西餐厨房
	直属下级：西餐副厨师长		
主要工作 Main Work	全面协助行政总厨/行政副总厨的工作，按照要求，组织部门员工有效开展日常工作。 Assist the Executive Chef/Executive Sous Chef in his/her work and organize department staff to carry out daily work effectively as required.		

	内容Job Description
工作范围 Scope of Work	①制订厨房员工工作时间表。 Establish kitchen staff working hours.
	②督导部门员工做好各种食品的准备工作，确保食品的质量。 Supervise department staff to prepare various foods and ensure the quality of the food.
	③熟悉所有出品的原材料、烹饪技术及装饰，确保所有配料的质量。 Be familiar with all ingredients，cooking techniques and decorations. Ensure the quality of all ingredients.
	④确保所有出品都按标准烹饪方法制作，带领厨师主管和厨师工作。 Ensure all products are cooked according to standard cooking methods. Lead the chef supervisor and chefs in their work.
	⑤注意节省原材料，确保出品达到餐厅的标准。 Pay attention to saving raw materials to ensure that the products meet the standards of the restaurant.
	⑥监督属下各级员工参加专业培训，并进行考核。 Supervise the staff training of employees and conduct assessments.
职位权限 Position Authority	①督导部门员工落实实施西厨各项管理制度和规章制度。 Supervise department staff to implement various management and regulations of the Western kitchen. ②检查部门员工考勤、假期。 Check department staff attendance and holidays. ③详细分配部门员工工作并进行督导。 Assign work to department staff in detail and provide supervision.

（4）西餐副厨师长Sous Chef

管理层级关系 Management hierarchy	直接上司：西餐厨师长	工作地点 Work Location	西餐厨房
	直属下级：热菜主管、冷菜主管、加工房主管		
主要工作 Main Work	全面协助厨师长的工作，并于厨师长不当值时，在厨房内管理各项工作并确保工作顺利运作。 Assist the chef in his/her work and manage various tasks in the kitchen to ensure smooth operation when the chef is not on duty.		
工作范围 Scope of Work	内容Job Description		

续表

工作范围 Scope of Work	①准备充足的原材料以确保工作正常进行。 Prepare enough ingredients to ensure the job is done properly.
	②协调厨房员工工作关系。 Coordinate working relationships among kitchen staff.
	③督导员工卫生、纪律。 Supervise health and discipline of staff.
	④协助厨师长开展厨房工作，注意食品原材料的质量，了解其存货和现货情况。 Assist the chef in kitchen operations, pay attention to the quality of food ingredients, and understand their inventory and stock.
	⑤协助厨师长负责检查食品质量和冷库及厨房的卫生、食品摆放情况。 Assist the chef to check the food quality, cold storage and kitchen hygiene, and food placement.
	⑥负责货物的验收与监督，负责盘点及核算。 Acceptance and supervision of goods, responsible for inventory and accounting.
职位权限 Position Authority	①督导部门员工落实并实施西厨各项管理和规章制度。 Supervise department staff to implement various kitchen management and regulations. ②检查部门员工考勤、假期。 Check department staff attendance and holidays. ③详细分配部门员工工作并进行督导。 Assign work to department staff and provide supervision.

（5）热菜主管Hot Kit Chef de Partie

管理层级关系 Management hierarchy	直接上司：西餐副厨师长	工作地点 Work Location	西餐厨房
	直属下级：热菜领班		
主要工作 Main Work	熟练掌握各种菜肴的制作，确保食品质量符合专业标准。 Proficient in the preparation of various dishes, ensuring food quality and meeting professional standards.		
工作范围 Scope of Work	内容Job Description		
	①查看早班员工的早餐食物准备情况。 Check on breakfast food preparation for early morning staff.		
	②查看每日汤类及肉汁准备情况，以及质量能否达到标准。 Check the daily preparation of soups and gravies and whether the quality is up to standard.		

工作范围 Scope of Work	③督导员工的工作卫生，保证厨房工作区域的清洁。 Supervise the work hygiene of staff and ensure the cleanliness of the kitchen work area.	
	④检查自助餐食物能否保持热度并及时补充。 Check that buffet food is kept hot and replenished in a timely manner.	
	⑤确保货仓、厨房、雪房存有足够物量。 Ensure that there is sufficient supply in the warehouse, kitchen and snow room.	
	⑥协助厨师长更新菜谱。 Assist the chef in updating recipes.	
职位权限 Position Authority	①督查、制作西厨热菜食品的质量。 Supervise and prepare the quality of hot dishes. ②确保工作岗位卫生清洁。 Ensure that the workplace is clean and hygienic. ③负责培训本部员工的工作技能。 Responsible for training the work skills of the staffs.	

（6）热菜领班Hot Kit Demi Chef

管理层级关系 Management hierarchy	直接上司：热厨主管	工作地点 Work Location	西餐厨房
	直属下级：热菜厨师		
主要工作 Main Work	协助主管处理各类食物的制作，保证出品。 Assist in the preparation of various types of food.		
工作范围 Scope of Work	内容Job Description		
	①确保食物准备充足。 Ensure that food is well prepared.		
	②负责炸炉及炉头的工作，确保其味道水平。 Responsible for the work of fryer and burner.		
	③确保各类食物都达到标准。 Make sure the dishes are up to standard.		
	④清洁工作范围内的卫生。 Clean the work area.		
	⑤注意出品先后顺序以免工作出现错误。 Pay attention to the order of production to avoid mistakes in work.		

续表

工作范围 Scope of Work	⑥熟练掌握餐牌上的各类食物成本，检查其是否齐全并通知补货。 Be familiar with the cost of each food items on the menu, check whether it is complete. If so, notify for restocking.
	⑦督查员工留意自助食物保证供给。 Supervise staff to ensure the supply of Buffet food.
职位权限 Position Authority	保证热厨出品质量。 Guarantee the quality of Hot Kitchen products.

（7）热菜厨师Hot Kit Commis

管理层级关系 Management hierarchy	直接上司：热厨领班	工作地点 Work Location	西餐厨房
	直属下级：热菜实习生		
主要工作 Main Work	每日当班时，明确食物用量情况。 Know exactly how much of the ingredient is used.		
工作范围 Scope of Work	内容Job Description		
	①确保食物照订单制作。 Ensure food is prepared as ordered and cooked in standard.		
	②保持工作区域清洁卫生，保证工作正常运作。 Keep the work area clean and sanitary to ensure normal operation.		
	③注意仓库情况，保证原材料不会出现滞销、损坏及报废等情况。 Pay attention to the warehouse situation to ensure that raw materials will not be unsalable, damaged or scrapped.		
职位权限 Position Authority	保证厨房有足够食品及原材料。 Ensure that the kitchen has enough food and ingredients.		

（8）热菜实习生Hot Kit Trainee

管理层级关系 Management hierarchy	直接上司：热厨厨师	工作地点 Work Location	西餐厨房
	直属下级：无		
主要工作 Main Work	预备好餐单上的东西，并保证供应。 Prepare what's on the menu and make sure it's available.		

	内容Job Description
工作范围 Scope of Work	①清洁工作区并准备好工具。 Clean work area and prepare tools.
	②每天将厨房货仓物品摆放整齐，并保持整洁。 Arrange kitchen storage items neatly and keep them tidy every day.
	③检查冰柜内食品的保鲜情况，如有不新鲜，应立即更换。 Check the freshness of food in the freezer and replace it immediately if it is not fresh.
	④检查士多房的情况，记录所需物品并交给部门主管开单签名领料。 Check the condition of the storeroom and records the items needed to give to the Hot kit Chef de partie for billing and signing for supplies.
	⑤配菜偏少时，当即补充以保证下一班日常工作的顺利进行。 When the side dishes are insufficient, replenish them immediately to ensure the smooth progress of the next shift's daily work.
职位权限 Position Authority	服从上级的安排，做好自己的本职工作。 Obey the arrangements of your superiors and do your job well.

（9）冷菜主管Garde Manger Chef de Partie

管理层级关系 Management hierarchy	直接上司：西餐副厨师长	工作地点 Work Location	西餐厨房
	直属下级：冷菜领班		
主要工作 Main Work	全面负责冷菜间的所有工作。确保食品质量，符合专业标准。 Responsible for all work in the cold dish kitchen. Ensure food quality meets professional standards.		
工作范围 Scope of Work	内容Job Description		
	①全面负责冷菜的制作。 Responsible for the preparation of cold dishes.		
	②确保制作符合专业水准。 Ensure production meets professional standards.		
	③准备菜单上的所有沙律。 Prepare all salads on the menu.		
	④准备冷厨用具。 Prepare cold kitchenware.		

续表

工作范围 Scope of Work	⑤检查下属的出品。 Check the production of subordinates.	
	⑥准时到岗后，到餐厅检查自助餐情况并帮助一起添加。 After arriving at work on time，go to the restaurant to check the buffet situation and help add some items.	
	⑦准备好所有日常用的酱汁，以便点菜时给自助餐用。 Prepare all daily sauces so that they are served a la carte for buffet.	
职位权限 Position Authority	①遵守各项管理和规章制度。 Comply with all management and regulations. ②督导部门员工工作。 Supervise the work of department staff. ③冷菜间食品原材料的申领。 Be responsible for application form for food raw materials in cold dish room. ④保证西厨冷菜食品的质量。 Ensure the quality of cold dishes in the western kitchen.	

（10）冷菜领班Garde Manger Demi Chef

管理层级关系 Management hierarchy	直接上司：冷菜主管	工作地点 Work Location	西餐厨房
	直属下级：冷菜厨师		
主要工作 Main Work	全面负责冷菜的制作，确保所做的菜式符合专业标准。 Take overall responsibility for the preparation of cold dishes and ensure that the dishes meet professional standards.		
工作范围 Scope of Work	内容Job Description		
	①准备菜单上所有沙律达到标准。 Prepare all salads on the menu to standard.		
	②保持所有冷库的清洁、干净，确保货物申领充足。 Keep all cold storages clean and ensure sufficient supplies of goods.		
	③检查奶类、麦片类、果汁类是否有变质或变坏现象，如有立即更换，注意出品质量避免被客人投诉。 Check whether milk，cereal，and fruit juice are spoiled or bad. If so，replace them immediately and pay attention to the products to avoid complaints from customers.		

工作范围 Scope of Work	④检查货库、冰柜的存货是否有添加的需要，记录下来后，交给主管以便开单领货补充。 Check the inventory in the warehouse and freezer to see if there is any need to add to the inventory，record it and give it to the supervisor to issue an order for replenishment.
	⑤按时将早、午、晚自助餐收回厨房，由部门主管或厨师长决定哪些可留用，哪些不能再用，避免浪费。 The breakfast，lunch and dinner buffets are taken back to the kitchen on time and the department supervisor and the head chef decide which ones can be retained and which ones cannot be used again to avoid waste.
	⑥按照要求将早、午、晚自助餐准备完毕。 Prepare breakfast，lunch and dinner buffets as required.
职位权限 Position Authority	督查下属的出品。 Supervise the production of subordinates.

（11）冷菜厨师Garde Manger Commis

管理层级关系 Management hierarchy	直接上司：冷菜领班	工作地点 Work Location	西餐厨房
	直属下级：冷菜实习生		
主要工作 Main Work	负责冷菜间食品的制作，确保质量。 Responsible for the preparation of food in the cold dish room and ensuring its quality.		
工作范围 Scope of Work	内容Job Description		
	①确保菜单所需物料随时有足够供应。 Ensure that adequate supplies of menu items are available at all times.		
	②准备好冷菜所需的面包，确保新鲜，精选冷肉及摆设。 Prepare the bread needed for cold dishes to ensure freshness，a selection of cold meats and presentation.		
	③准时到岗后到餐厅检查早、午、晚自助餐运作情况，并帮助一起添加。 Arrived on time and went to the dining room to check on the operation of the breakfast，lunch and dinner buffet and help add it together.		
	④检查奶类、麦片类、果汁类是否有变质或变坏的现象，如有当即更换，注意出品质量避免被客人投诉。 Check milk，cereal and juice for spoilage or badness，replace immediately if any，and pay attention to the quality of produce to avoid complaints from guests.		

续表

工作范围 Scope of Work	⑤按要求将早、午、晚自助餐准备完毕。 Prepare breakfast, lunch and dinner buffets as required.
职位权限 Position Authority	按要求做好每一份订单。 Responsible for each order as required.

（12）冷菜实习生Garde Manger Trainee

管理层级关系 Management hierarchy	直接上司：冷菜厨师	工作地点 Work Location	西餐厨房
	直属下级：无		
主要工作 Main Work	帮助准备所有厅面的冷点，项目包括沙律、冷盘、果汁、冻饮，确保出品达到专业水平。 Help prepare all cold dishes, items include salads, cold cuts, juices, cold drinks.		
工作范围 Scope of Work	内容Job Description		
	①早餐准备拼盘、冷食、沙律，确保出品质量。 Prepare platters, cold dishes and salads for breakfast and ensure the quality of the produce.		
	②准备点菜餐单上的混合沙律及其他配料。 Prepare the mixed salads and other toppings on the a la carte menu.		
	③负责准备调味汁，检查冰柜、冰箱的存货是否有添补的需要，记录下来后，交给部门主管以便开单领料并补充。 Responsible for preparing sauces, checking freezer and refrigerator stock for replenishment needs, documenting them and submitting them to the department supervisor for billing and replenishment.		
	④检查冰柜、冰箱的存货是否有添补的需要，记录下来后，交给部门主管以便开单领料补充。 Check stock of freezers and refrigerators for replenishment needs. Record them and gives them to the department head for billing and replenishment.		
	⑤按照要求将早、午、晚自助餐准备完毕。 Prepare the breakfast, lunch and dinner buffet as required.		
	⑥清理自己的工作区域并与下一班员工作好交接工作。 Clean up your work area to make a good handover to the next shift of employees.		

工作范围 Scope of Work	⑦将上司布置的尚未完成的所需食品准备工作，交代给下一班次，等确认后得到部门主管同意后方可下班。 The supervisor will assign the required food preparation work to the next shift and wait for the department head's approval before leaving the shift.
职位权限 Position Authority	服从上级的安排，做好自己的本职工作。 Obey your superiors and do your part.

（13）加工房主管Butchery Chef de Partie

管理层级关系 Management hierarchy	直接上司：西餐副厨师长	工作地点 Work Location	西餐厨房
	直属下级：加工房领班		
主要工作 Main Work	全面负责加工房日常管理工作，负责对采购原材料质量的验收把关，并对食材原材料进行分类存放。督导本组员工按标准进行原材料初加工。 Fully responsible for the daily management of the processing room，ensuring the quality inspection and acceptance of purchased raw materials. Additionally，responsible for the classification and storage of raw materials. Supervise team members in performing preliminary processing of raw materials according to standards.		
工作范围 Scope of Work	内容Job Description		
	①严格检查每天零点菜单、宴会菜单的配置情况。 Strictly check the preparation of daily a la carte menu and banquet menu.		
	②严格把好本组环境卫生关。 Strictly control the environmental sanitation of this group.		
	③负责本组的日常工作和出勤工作，合理安排调配人力，不断提高员工工作效率。 Responsible for the daily work and attendance of the group. Reasonably arrange and deploy manpower，and continuously improve the work efficiency of employees.		
职位权限 Position Authority	①遵守各项管理制度和规章制度。 Comply with all management and regulations. ②督导部门员工工作。 Supervise the work of department staff. ③保证原材料的质量。 Ensure the quality of raw materials.		

（14）加工房领班Butchery Demi Chef

管理层级关系 Management hierarchy	直接上司：加工房主管	工作地点 Work Location	西餐厨房
	直属下级：加工房厨师		
主要工作 Main Work	负责对采购原材料质量的验收把关，并对食材原材料进行分类存放。督导下属员工按标准进行原材料初加工。 Responsible for the quality inspection and acceptance of purchased raw materials, as well as the classification and storage of food ingredients. Supervise subordinate staff in carrying out preliminary processing of raw materials according to standards.		
工作范围 Scope of Work	内容Job Description		
	①检查原材料是否新鲜，主料、小料和配料是否齐全，质量是否准确。 Check whether the raw materials are fresh, whether the main ingredients, side ingredients and accessories are complete, and whether the weight is accurate.		
	②带领本组员工按标准进行原材料切配、保管工作。 Lead the employees in this group to cut, prepare and store raw materials according to standards.		
	③带领本组员工搞好冰箱、刀具、案台、用具及环境卫生。 Lead the staff in this group to maintain the hygiene of refrigerators, knives, counters, utensils and environment.		
职位权限 Position Authority	①遵守各项管理制度和规章制度。 Comply with all management and regulations. ②督导部门员工工作。 Supervise the work of department staff.		

（15）加工房厨师Butchery Commis

管理层级关系 Management hierarchy	直接上司：加工房领班	工作地点 Work Location	西餐厨房
	直属下级：加工房实习生		
主要工作 Main Work	确保原材料合理利用，保证出成率，避免浪费。 Rational use of raw materials to ensure yield and avoid waste.		
工作范围 Scope of Work	内容Job Description		
	①做好原材料切配、腌制工作。 Ingredient cutting and marinating work.		

工作范围 Scope of Work	②按要求保管原材料。 Store raw materials as required.
	③及时清理冰箱里的变质食品。 Clean out your fridge of spoiled food in a timely manner.
职位权限 Position Authority	遵守各项管理和规章制度。 Comply with all management and regulations.

（16）加工房实习生Butchery Trainee

管理层级关系 Management hierarchy	直接上司：加工房厨师	工作地点 Work Location	西餐厨房
	直属下级：无		
主要工作 Main Work	协助做好工具准备、清洁工作，并根据上级指示，做好原材料搬运和保管工作。 Assist in the preparation of tools, cleaning, and handling of raw materials and storage as directed by the supervisor care for perishable food in the refrigerator.		
工作范围 Scope of Work	内容Job Description		
	①清洁工作区并准备好工具。 Clean work area and prepare tools.		
	②协助领班搬运原材料。 Assist the foreman in the handling of raw materials.		
	③按要求对原材料进行清洗工作。 Clean raw materials as required.		
	④每天检查库存原材料的保鲜情况，如有不新鲜应立即更换。 Check the freshness of stored ingredients daily and replace them immediately if they are not fresh.		
	⑤协助加工房厨师做好原材料初加工工作。 Assist butchery commis with the initial processing of ingredients.		
职位权限 Position Authority	服从上级的安排，做好自己的本职工作。 Obey your superiors and do your part.		

（17）西饼房厨师长Pastry Chef de Cuisine

管理层级关系 Management hierarchy	直接上司：行政副总厨	工作地点 Work Location	西餐厨房
	直属下级：西饼房副厨师长		
主要工作 Main Work	全面协助行政总厨/行政副总厨的工作，按照要求，组织部门员工有效开展日常工作，负责制定所有甜点、面包、蛋糕的标准，安排员工排班。 Fully assist the Executive Chef/Deputy Executive Chef in their work, organize department staff to effectively carry out daily tasks as required, and be responsible for establishing standards for all desserts, bread, and cakes. Also, manage employee scheduling.		
工作范围 Scope of Work	内容Job Description		
	①监督西饼房所有出品，以确保出品达到餐厅规定的标准。 Supervise all bakery products to ensure they meet the restaurant's standards.		
	②指导西饼房各方面的工作，并有效地组织好工作。 Direct all aspects of the bakery's work and organize it effectively.		
	③监督西饼房所有员工的工作，控制好成本，增加效益。 Supervise the work of all bakery staff, control costs and increase efficiency.		
	④准备所有食品的采购申请单，准备标准的烹饪单，并上交行政总厨批准。 Prepare purchase requisitions for all food items, prepare standard cooking orders, and submit to the Executive Chef for approval.		
	⑤制订正式的培训计划，并参加西饼房员工及厨房员工的培训课程。 Develop formal training programs and attend training courses for bakery staff and kitchen staff.		
	⑥在行政总厨的指导下，对人员进行面试、聘用，带员工熟悉环境，进行表扬、培训、劝告及停职等方面的工作。 Under the direction of the Executive Chef, interviews and hires personnel, familiarizes employees with the environment, and provides praise, training, counseling, and suspensions.		
职位权限 Position Authority	①督导部门员工落实并实施西厨各项管理和规章制度。 Supervise department staff to implement various management and regulations of the Western kitchen. ②检查部门员工考勤、假期。 Check department staff attendance and holidays. ③详细分配部门员工工作并进行督导。 Assign work to department staff in detail and provide supervision. ④查询西饼房的营业数据。 Check the business data of the pastry.		

（18）西饼房副厨师长Pastry Sous Chef

管理层级关系 Management hierarchy	直接上司：西饼房厨师长	工作地点 Work Location	西饼房
	直属下级：西饼制作主管、面包制作主管		
主要工作 Main Work	协助西饼房厨师长的工作，按照要求组织部门员工有效开展日常工作，必要时负责员工排班。 Assist the Pastry Chef in their work, organize department staff to effectively carry out daily tasks as required, and manage employee scheduling when necessary.		
工作范围 Scope of Work	内容Job Description		
	①糕点制作与创新。 Pastry making and innovation.		
	②工作组织与分配。 Work organization and allocation.		
	③原材料管理。 Raw material management.		
	④卫生与安全管理、设备维护。 Sanitation and safety management, equipment maintenance.		
	⑤团队管理与培训。 Team management and training.		
	⑥顾客反馈与改进。 Customer feedback and improvements.		
职位权限 Position Authority	①督导部门员工落实并实施西厨各项管理和规章制度。 Supervise department staff to implement various management and regulations of the Western kitchen. ②检查部门员工考勤、假期。 Check department staff attendance and holidays. ③详细分配部门员工工作并进行督导。 Assign work to department staff in detail and provide supervision. ④查询西饼房的营业数据。 Check the business data of the pastry.		

（19）西饼制作主管Pastry Chef De Partie/ 面包制作主管Bakery Chef De Partie

管理层级关系 Management hierarchy	直接上司：西饼房副厨师长	工作地点 Work Location	西饼房
	直属下级：西饼制作领班、面包制作领班		
主要工作 Main Work	负责本组的日常管理和生产组织，制作糕点、包点、甜点。确保符合卫生标准及出品标准。 Responsible for the daily management and production organization of the team, including the preparation of pastries, dumplings, and desserts. Ensure compliance with hygiene standards and quality standards.		
工作范围 Scope of Work	内容Job Description		
	①检查货仓、西饼房和冻库库存。 Check the inventories in the warehouse, the pastry - making room, and the freezer.		
	②查看西饼/面包的质量是否达到标准。 Check whether the quality of pastries/bread meets the standards.		
	③督导员工的工作卫生，保证厨房工作区域的清洁。 Supervise the work hygiene of staff and ensure the cleanliness of the kitchen work area.		
	④负责设备的日常维护，确保其正常运作，如有问题及时报告。 Responsible for the daily maintenance of equipment. Ensuring its proper operation, and reporting any issues promptly.		
	⑤必要时参与厨房管理层会议，承接厨房管理层对厨房基层员工工作指示。 Participate in kitchen management meetings when necessary, and convey the work instructions from kitchen management to front - line kitchen staff.		
	⑥与其他部门合作，协调糕点的需求和供应，确保客户订单和日常供应的顺利完成。 Collaborate with other departments to coordinate the demand and supply of pastries, ensuring the smooth completion of customer orders and daily supplies.		
	⑦与厨师长和副厨师长保持密切沟通，确保生产计划和目标的顺利实施。 Maintain close communication with the Head Chef and Deputy Head Chef to ensure the smooth implementation of production plans and goals.		
职位权限 Position Authority	①遵守各项管理制度和规章制度。 Comply with all management and regulations. ②督导部门员工工作。 Supervise the work of department staff.		

（20）西饼制作领班Pastry Demi Chef / 面包制作领班Bakery Demi Chef

管理层级关系 Management hierarchy	直接上司：西饼制作主管、面包制作主管	工作地点 Work Location	西餐厨房
	直属下级：西饼制作厨师、面包制作厨师		
主要工作 Main Work	协助主管处理各类食物的制作，保证出品。 Assist in the preparation of various types of food.		
工作范围 Scope of Work	内容Job Description		
	①负责制作各类西式糕点、甜点、面包、饼干等，严格按照配方和工艺流程进行操作，确保产品的一致性和高质量。 Responsible for making various Western-style pastries, desserts, breads, cookies, etc. Operate strictly according to recipes and process procedures to ensure product consistency and high quality.		
	②原材料准备，根据生产需求，准备所需的原材料，确保足量且新鲜。严格控制材料使用，避免浪费。 Prepare raw materials according to production needs, ensuring they are sufficient and fresh. Strictly control material usage to avoid waste.		
	③做好带班工作，确保在规定时间内完成所需产品的制作以及出餐。 Do a good job in leading the shift, ensuring that the required products are made and served within the specified time.		
	④食品安全与卫生，防止交叉污染。 Food safety and hygiene, preventing cross-contamination.		
	⑤熟练操作西饼房的各类设备，确保设备的正确使用。 Proficiently operate various equipment in the pastry shop, ensuring correct usage of the equipment.		
	⑥负责设备的日常维护，确保其正常运作，如有问题及时报告。 Responsible for the daily maintenance of equipment, ensuring its proper operation, and reporting any issues promptly.		
	⑦积极参与新产品和新技术的学习与培训，提升自己的糕点制作技能。 Actively participate in learning and training for new products and technologies to enhance your pastry-making skills.		
职位权限 Position Authority	①遵守各项管理制度和规章制度。 Comply with all management and regulations. ②保证出品质量。 Guarantee the quality of products.		

（21）西饼制作厨师Pastry Commis/面包制作厨师Bakery Commis

管理层级关系 Management hierarchy	直接上司：西饼制作领班、面包制作领班	工作地点 Work Location	西餐厨房
	直属下级：西饼实习生/面包实习生		
主要工作 Main Work	制作各类西式糕点、甜点及相关产品，同时确保工作流程符合卫生标准。 Prepare various Western-style pastries，desserts，and related products，while ensuring that work processes comply with hygiene standards.		
工作范围 Scope of Work	内容Job Description		
	①负责制作各类西式糕点、甜点、面包、饼干等，严格按照配方和工艺流程进行操作，确保产品的一致性和高质量。 Responsible for making various Western-style pastries，desserts，breads，cookies，etc. Operate strictly according to recipes and process procedures to ensure product consistency and high quality.		
	②原材料准备，根据生产需求，准备所需的原材料，确保足量且新鲜。严格控制材料使用，避免浪费。 Prepare raw materials according to production needs，ensuring they are sufficient and fresh. Strictly control material usage to avoid waste.		
	③遵守食品安全与卫生规定，保持工作台和工具的清洁，确保制作区域符合卫生规定。定期清洁和消毒工作设备和器具，防止交叉污染。 Food safety and hygiene：Maintain cleanliness of work surfaces and tools，ensure that production areas comply with sanitation regulations，regularly clean and disinfect equipment and utensils，and prevent cross-contamination.		
	④熟练操作西饼房的各类设备，确保设备的正确使用。 Proficiently operate various equipment in the pastry shop，ensuring correct usage of the equipment.		
	⑤协助设备的日常维护，确保其正常运作，如有问题及时报告。 Assist with the daily maintenance of equipment to ensure its proper operation，and report any issues promptly.		
工作范围 Scope of Work	⑥根据生产计划高效工作，确保在规定时间内完成所需产品的制作。 Work efficiently according to the production plan to ensure that the required products are completed within the specified time frame.		
	⑦积极参与新产品和新技术的学习与培训，提升自己的糕点制作技能。 Actively participate in learning and training for new products and technologies to enhance your pastry-making skills.		

（22）西饼制作实习生Pastry Trainee/面包制作实习生Bakery Trainee

管理层级关系 Management hierarchy	直接上司：西饼制作厨师、面包制作厨师	工作地点 Work Location	西餐厨房
	直属下级：无		
主要工作 Main Work	协助厨师制作各类西式糕点、甜点及相关产品，确保工作流程符合卫生标准。 Assist the chef in preparing various Western-style pastries, desserts, and related products, ensuring that work processes comply with hygiene standards.		
工作范围 Scope of Work	内容Job Description		
	①协助制作各类西式糕点、甜点、面包、饼干等，严格按照配方和工艺流程进行操作，确保产品的一致性和高质量。 Assist in making various Western-style pastries, desserts, breads, cookies, etc., strictly following recipes and process procedures to ensure product consistency and high quality.		
	②协助厨师准备原材料，根据生产需求，准备所需的原材料，确保足量且新鲜。严格控制材料使用，避免浪费。 Assist in preparing raw materials according to production needs, ensuring they are sufficient and fresh. Strictly control material usage to avoid waste.		
	③严格遵守食品安全规定，负责工作台和工具的清洁，确保制作区域符合卫生规定。定期清洁和消毒工作设备和器具，防止交叉污染。 Strictly adhere to food safety standards, be responsible for cleaning work surfaces and tools, ensure that the production area meets sanitation regulations, regularly clean and disinfect equipment and utensils, and prevent cross-contamination.		
	④了解并熟练西饼房各类设备的操作，确保设备的正确使用，以保障自身安全。 Understand and be proficient in operating various equipment in the pastry shop to ensure correct usage and personal safety.		
	⑤积极参与新产品和新技术的学习与培训，提升自己的糕点制作技能。 Actively participate in learning and training for new products and technologies to enhance your pastry-making skills.		

1.1.4　熟悉岗位工作安排

	任务 04｜管理能力 了解西餐厨师一般的日常工作流程 ——— 建议学习方法 阅读，案例		

厨师熟悉岗位工作流程安排是非常重要的，其有助于确保西餐厨房工作的高效运转。通过了解每个岗位的职责和工作流程，厨师可以更好地协调各个工作环节。合理安排人力和技术力量，统筹安排工作，从而提高整个厨房的工作效率。

面对突发情况时，熟悉工作流程的厨师能够迅速作出反应，采取适当的措施，确保厨房工作的顺利进行，保障餐厅的正常运营。

1）冷菜早班工作程序（范例）

制度 POLICY	冷菜早班工作程序 Cold Dishes Kichen morning shift work procedure	编号 REF. NO.	
执行职位 POSITION RESPONSIBLE	主管、员工 Supervisors and employees	涉及部门 DEPT. CONCERNED	冷菜厨房 Cold Dishes Kichen

执行程序（PROCEDURES）：
①由冷菜主管或热菜主管跟夜班员工进行工作交接，并按规定签字及领取钥匙。
②进入厨房签到。
③对所有食品进行检查（是否腐败变质）。
④早餐及早餐自助餐冷菜部分的准备（自助餐包括水果拼盘、罐制水果、谷类、牛奶果汁、冷菜拼盘等），保证有充足的后备，并要求在早上6：30 前全部按排摆到自助餐展台上，准备充足的食品后备，同时为冷菜早餐零点提供原材料。
⑤在早餐、自助餐准备完后，可准备部分午餐零点及自助餐食品，但不要影响早餐零点及早餐自助餐冷菜食品的补充，补充信息由厨房派专人负责。
⑥早上8点左右可将当日提货单送到货库部，上午9：00派人将所提物品取回并符合冷菜食品的要求。走零点过程中，由冷菜主管或领班叫单。出品后，主管要认真留意出品质量，后由服务员送出。
⑦自助餐结束后，撤回所有冷菜食品并安排员工吃午饭。
⑧在上午11：30前将所有午餐自助餐冷菜出品全部摆到自助餐展台上，包括水果拼盘、冷肉拼盘、寿司、刺身、色拉台、奶酪拼盘等，同时零点冷菜餐前备餐工作同时完成，要保证自助餐食品后备充足随时填加，并由厨房专人提供填加信息，在走菜散点过程中，主管或领班负责冷菜叫单，出品时要严格检查出品是否符合出品标准，后由服务员拿出厨房送给客人，在自助餐及零点结束后，协助晚班厨师将自助餐冷菜食品撤回并做正确处理及安排，并与晚班做好交接工作，经主管同意方可签字后下班，此时冷菜早班结束。

2）冷菜晚班工作程序（范例）

制度 POLICY	冷菜晚班工作程序 Cold Dishes Kichen night shift work procedure	编号 REF. NO.	
执行职位 POSITION RESPONSIBLE	主管、员工 Supervisors and employees	涉及部门 DEPT. CONCERNED	冷菜厨房 Cold Dishes Kichen

执行程序（PROCEDURES）：

①晚班员工到岗后首先签到，签到后与早班员工一起将自助餐冷菜食品取回并做妥善安排，在早班员工下班前做好全面交接。

②进行冷菜零点及晚餐自助餐的准备工作，在下午5：00前摆放在自助餐展台上，包括水果拼盘、冷肉拼盘、海鲜拼盘、色拉台等，并保证有充足后备，并由专人提供补充食品信息。同时，做好零点的餐前工作，在走零点时，由主管负责叫单，并严格检查出品质量是否符合出品要求，最后由服务员送出厨房。

③工作结束后，将冷菜食品取回并做妥善处理，将冷菜剩余所有食品进行大检查，包括质量及数量，按需量填好所需食品领取申请单并交给部门主厨，同时填好内部转流单并由部门主厨同意后，下班前交给加工间，将第二天早餐所需食品提回，并放在早餐专用冰箱内，为早餐做准备。

④下班前最后检查：冰箱门是否关好；所有设备是否断开电源；是否有剩余食品没有收好；是否将冷厨工作区域内的灯关掉，并把紫外线灯打开，与夜班员工进行交接，最后经主管同意后方可签字后下班。下班后由主管负责检查所有厨房门是否锁好并签字及填写时间。至此，晚班冷菜工作结束。

3）热菜工作程序（范例）

制度 POLICY	热菜工作程序 Hot dishes work procedure	编号 REF. NO.	
执行职位 POSITION RESPONSIBLE	主管、员工 Supervisors and employees	涉及部门 DEPT. CONCERNED	热菜厨房 Hot Dishes Kichen

执行程序（PROCEDURES）：

（1）早班（Morning Shift）

①由热菜主管与夜班员工进行工作交接，并按规定签字，早班员工进入厨房后要先签到，并对所有热菜食品进行检查；检查是否有腐败变质食品。

②早餐及早餐自助餐热菜部分的准备。自助餐包括早餐粥类、热菜、煎蛋台等，并在6：30前全部摆到自助餐展台上，自助餐食品要后备充足，并做好早餐零点的餐前备餐。在开餐过程中，要确保自助餐食品的添加，由专人提供加补信息，上午8：00将提货单送到主厨房，9：00将所需食品提回。在早餐零点开餐过程中，由主管负责叫单，并严格检查出品是否符合出品要求，后由服务员送出厨房。在开餐自助餐及零点的同时，准备午餐及午餐自助餐的准备工作，但不要影响早餐的食品提供。

续表

③10：00早餐结束后，将所有热菜食品全部取回并做妥善的安排。同时，安排好员工的午饭，在11：30前将所有午餐自助餐热菜食品摆放在自助餐的展台上，包括菜类、肉食类、面食类、汤类、炒面台、肉车等。同时，零点餐前准备工作也将在11：00前完成，在午餐自助餐中，要确保食品的补充，并由专人提供补充食品信息。在开零点过程中行政主厨或主管负责叫单，并严格检查出品的质量是否符合出品要求，最后由服务员拿出厨房。

④当午餐自助餐结束后与晚班厨师一起收回所有热菜食品并妥善处理。与晚班做好全面交接工作，经主厨同意后方可签字后下班。此时，热菜汤汁早班工作结束。

（2）晚班（Night Shift）

①晚班员工到岗后首先签到，签到后与早班员工一起将自助餐热菜食品取回并做妥善安排，在早班员工下班前做好全面交接工作。

②进行热菜零点及晚餐自助餐的准备工作，在下午5：00前全面摆放在自助餐展台上，包括菜类、肉食类、面食类、汤类、海鲜类、炒面台、肉车等。确保后备食品充足，并由专人提供补充食品信息。同时，零点的餐前工作必须做好，在走零点时由主厨或主客叫单，严格检查出品质量是否符合出品要求，最后由服务员送出厨房。

③工作结束后，将热菜食品取回并做妥善处理，并将热菜所剩食品进行大检查，包括质量和数量，把不足的食品及所需量填好所需食品领取申请单并交给行政总厨。同时填好内部转流单，由主客批准后，下班前交给加工间，将第二天的早餐所需食品提回，放在专用冰箱内为早餐做好准备。

④完成以上各步后，做好下班的最后一步检查：冰箱门是否关好；所有设备是否断开电源；是否有剩余食品没有收好；是否将热厨灯关掉。

⑤最后经主管同意后，才能签字下班，下班后，主管负责检查所有厨房门是否锁好，并与夜班员工进行工作交接后。这样，晚班汤汁工作就结束了。

4）食材准备间（加工间）工作程序（范例）

制度 POLICY	食材准备间的工作程序 Ingredient Preparation Area work procedure	编号 REF. NO.	
执行职位 POSITION RESPONSIBLE	主管、员工 Supervisors and employees	涉及部门 DEPT. CONCERNED	食材准备间 Ingredient Preparation Area

执行程序（PROCEDURES）：

（1）加工间早班

①到岗后签到，将提货单送到货房。

②然后对所有食品进行检查，是否有腐败现象。

③根据热菜、冷菜、扒板、提供的转流单准备其所需食品，包括肉类、禽类、海鲜类、菜类、果类，确保在转流单提取之前完成。

④在午餐、晚餐开餐期间，做好随时提供精加工的食品，并符合用料部门的要求。9：00将提货单上的货物提回，确保货物符合厨房标准和要求，进行粗加工后，按要求存放。

⑤早餐结束后，还要准备冷菜、热菜、扒板提供所需晚餐食品，要求符合其转流标准及时间，并安排午饭时间。

⑥最后与晚班员工一起检查所有食品及打扫卫生，检查是否有腐坏现象，做好交接班工作，经主管同意后方可签字后下班。

（2）加工间晚班

①到岗后先签到，然后对所有食品进行检查，是否有腐败现象。

②与早班员工一起准备其他所需转流内容，并按要求及时完成，并与早班员工做好交接班，随时为其他厨房提供所需食品。

③下班前彻底检查剩余所有食品，根据库存量不足物品项目填好食品领取单并上交主厨房主厨，并把第二天早餐所需食品按要求和数量发放。

④把第二天零点、自助餐午晚餐所需解冻肉品拿出解冻，为第二天早班做好准备，下班前检查所有设备是否切断电源，是否有其他食品未收起，锁好加工间门，钥匙交给当班主管即可。

将每天的工作任务、时间安排以及岗位职责整理成表格形式，一目了然。确保每项任务都清晰明确。这不仅有助于提高工作效率，还能避免遗漏重要事项。为了更好地管理日常任务，建议把每天的工作安排和完成情况及时记录在笔记本上，以便跟踪进度和总结经验。

通过这样的方式，你将可以随时查阅和复习，加深对工作内容的理解。

利用笔记本电脑和手机来管理每日工作安排与岗位职责，使你的工作更加有序、高效。这种方式不仅有助于提升个人工作效率，而且为团队之间的协作提供了有力支持。

1.2　西餐厨师需要具备的职业素养

> **任务 05 | 素养能力**
> 了解并执行西餐厨师仪容仪表方面的要求
> 遵守西餐厨师行为规范
> ———
> **建议学习方法**
> 记忆、场景模拟

无论是在哪种类型的餐厅，"西餐厨师"都应该体现出专业服务人员大方、得体的精神面貌。因为专业的外表更容易让客人产生信任，从而激发客人的消费动机。

"西餐厨师"人员面貌的要求主要体现在3个方面：仪容仪表、专业的服饰着装和行为规范。

1.2.1　仪容仪表

作为"西餐厨师"，仪容仪表不仅涉及个人形象问题，更是涉及食品安全、品牌形象以及客户体验等多个方面。一个整洁、专业的形象，不仅是对自我要求的体现，更是对顾客和团队的尊重。

1.2.2　专业的服饰着装

服饰着装执行标准如下表。

服饰	标准
口罩 Facemask	①专间和专用操作场所的从业人员应佩戴口罩。 Employees in special rooms and special operating areas should wear masks. ②其他岗位的从业人员宜佩戴口罩。 Employees in other positions should wear masks.
工作服 Overalls	①宜白色或浅色，保持清洁，定期清洗，受到污染后及时更换。 It should be white or light-coloured, kept clean, washed regularly and replaced promptly when contaminated. ②从事接触直接入口食品工作的从业人员，其工作服要每日清洗。 Workers who work with ready-to-eat（RTE）food are required to wash their work clothes daily. ③应定位存放、更换工作服。 Workwear should be positioned for storage and change. ④从业人员上卫生间前、应脱去工作服。 Workers should take off their work clothes before going to the toilet. ⑤待清洗的工作服不得存放在食品处理区。 Work clothes to be washed should not be stored in food handling areas.

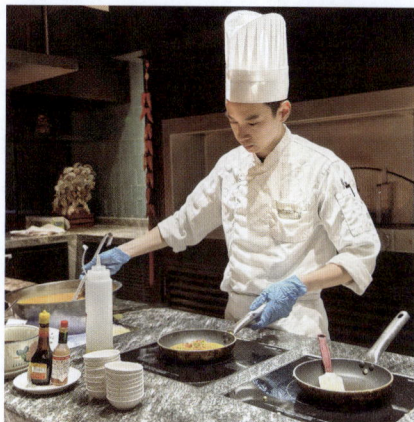

西餐厨师仪容仪表检查表/自查表

步骤	序号	检查点		评估
仪容 Grooming	1	头发	男员工头发要求前不过眉，侧不过耳，上岗前必须戴工帽，并且要求头发全部在工帽内。 女员工长发必须扎好盘起，不得披散长发，碎发须用摩丝或啫喱水梳理整齐；短发长度以不超过肩部为适度，需梳理整齐，保证刘海不过眉，鬓角无散发；上岗前必须戴工帽，并且要求头发全部在工帽内。	
	2		头发要保持清洁，保证没有头屑。	
	3	面部	面部必须干净，直接接触食品的员工不许化妆，男士不许留胡须。	
	4		明档和直接接触客人的操作人员必须戴口罩（鼻孔不外漏）。	
	5	手部	手部表面干净、无污垢。	
	6		所有厨师的指甲外端不准超过指尖，指甲内无污垢，不准涂指甲油。	
着装 Outfit	7	上衣	穿着规定的制服，整齐干净，无破损、无丢扣。	
	8	裤子	通常为黑色直筒西裤，整齐干净，无破损。	
	9	围裙	整齐干净，无破损；围裙系在肚脐高度；绑带系于身后，系蝴蝶结，绑带不可过长。	
	10	袜子	黑色或深蓝色袜。无破洞，裤脚不露袜口。	

续表

步骤	序号	检查点		评估
着装 Outfit	11	鞋子	穿酒店按岗位配发的工鞋,工鞋应清洁光亮。	
	12		男鞋后跟不能高于3厘米、女鞋后跟不能高于6厘米。	
	13	饰物	不得佩戴除手表外的其他饰物且手表款式不能夸张(结婚戒指除外)。	
仪表 Appearance	14		厨师应当仪表端庄、仪态大方、精神饱满、举止得体。	
	15		微笑服务、自尊自爱。	
	16		语气平和,不喧哗。	

1.2.3 西餐厨师必须掌握的九大基本功

基本功 Basic skills	内容 Detail
卫生标准 Hygiene Standards	卫生标准首要且关键,它不仅是法律与法规的底线,更是职业道德的体现。环境与食材清洁,永远置于首位。
精湛刀工 Knife Skill	谈及烹饪艺术,一把趁手的刀具与精湛的刀工是不可或缺的。它们不仅能塑造出菜肴的视觉美感,更实现了食材的最大化利用与节约。
5S管理 5S managerment	面对紧凑的厨房布局与有限的存储空间,5S管理成为日常必修课。从收货到收档,两次精细整理,确保工具、器皿、冰箱与仓库井然有序,每位成员都能对它们的定位了如指掌,这对于提升工作效率、保持食材新鲜、优化库存管理至关重要。
有效沟通 Effective Communication	沟通虽为人之本能,但在厨房这一特殊环境中,它要求更高——尊重对方、明确重点、准确传达、及时响应。这是厨房团队协作的基石。
调味艺术 The art of Flavouring	作为厨师,调味技艺与刀工同样重要。掌握盐的使用,精准调控咸淡,是迈向美味佳肴的第一步。调味之难,在于细微之处的拿捏。
食材认知 Knowledge of Ingredients	深入了解每种食材的中英文名称、特性、常见用途及搭配方式。这是拓宽厨师视野、提升烹饪创造力的基础。
成本控制与节约 Cost Control and Savings	优秀的厨师需具备成本控制意识,其中节约是关键。从食材、工具、设备到清洁用品,每一处细节都蕴含节约之道。一个不懂得节约的餐厅,其生命力也将大打折扣。

基本功 Basic skills	内容 Detail
工作效率 Work Efficiency	厨房内，每个人的工作成果都一目了然。你的努力与效率，将直接影响你的职业成长速度。
纪律严明 Rigorous Discipline	优秀的餐厅与厨房，必有严格的纪律作为支撑。明确哪些事必须做、哪些事不能做，并坚决遵守。厨房工作强调团队合作，纪律是维系这一团队的纽带。

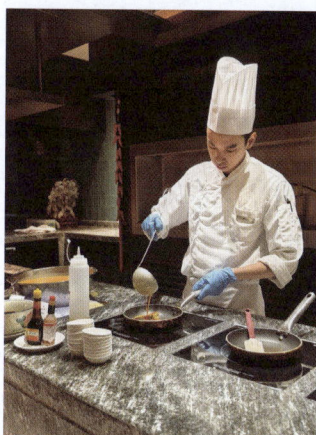

1.2.4　行为规范

①严格遵守考勤制度。上班需提前10分钟到岗，不到岗者视为迟到，按考勤管理制度执行扣罚。

②员工必须遵守工作操作规程，注意人身安全，爱护公司财产，如有人为损坏应按照规定赔偿，并予以纪律处分。

③禁止随意吃食物、吸烟、大声喧哗、睡觉等。

④禁止使用客用餐具进食或盛装非食用性物品。

⑤工作时间坚持做到"五不"：不吸烟，不随地吐痰，不随地倒垃圾及脏水，不用手指拿食物，不对着食物咳嗽。

⑥上班穿工作服，佩戴白帽、围裙、口罩。

⑦食品加工制作按原材料、半成品、成品顺序操作，严格区分生、熟厨用具。

⑧食物存放要做到"三隔离"，即生与熟隔离，成品与半成品隔离，食物与杂物、药物隔离。

⑨盛器、食具做到"四过关"，即一洗，二刷，三冲，四消毒。

⑩工作现场无鼠、无蝇、无蟑螂。餐后及时清扫场所。

1.3 西餐厨师的职业发展和绩效考核

	任务 06	管理能力
	了解西餐厨师的晋升路径， 懂得制定西餐厨师的绩效考核体系
	—— 建议学习方法 阅读，案例

有志于从事"西餐厨师"的年轻人，应该遵循循序渐进的职业发展路径，通过不断积累自身的技能、提升厨艺、增加食材认知、丰富管理实践来最终实现自身价值的实现。成为餐厅或餐饮集团的"行政总厨"是"西餐厨师"职业生涯发展的主要目标。

1.3.1 西餐厨师的晋升发展

晋升路径	
实习生	在刚开始学习西餐烹饪的阶段，实习生将接受基础培训和实践经验，掌握基本的烹饪技巧和工作流程。
厨师	在完成实习后，可以晋升为厨师。在这个阶段，厨师将负责执行一些基本任务，并在真实的工作环境中不断提升技能。
主管	作为一名有经验的厨师，将承担更多的责任和挑战，可以负责一些独立的菜品制作和菜单设计。通过积累经验和不断学习，可以进一步提升技术和创新能力。
厨师长	达到一定的经验和技能水平后，主管厨师可以晋升为厨师长。这些职位通常涉及更高级别的管理和领导职责，包括食材采购、团队管理和质量控制等。
行政总厨	作为厨师中的高级职位，行政总厨负责管理整个厨房的运营。需要具备广泛的技能和领导才能，同时协调与其他部门和团队的合作。

1.3.2　快速成长为一名优秀的西餐厨师的建议

1）掌握基础知识与技能

（1）学习西餐基础知识

了解西餐的基本烹饪技术、厨具和食材，学习西餐的基本调味技巧和烹调方法，包括煎、炸、烤、炖、蒸等多种烹饪技法的掌握。

（2）提升刀工技能

刀工是西餐厨师的基本功之一，需要不断练习以提高切割食材的准确性和效率。

（3）学习厨房卫生与安全知识

保持良好的卫生习惯，使用干净、整洁的厨房和厨具，确保食品健康和安全。

2）积累实践经验

（1）参与实习或助理工作

通过实习或担任助理厨师等入门级职位，在真实的工作环境中学习和成长。这将帮助你熟悉厨房操作、提高团队协作和沟通能力。

（2）积累多样化经验

尝试不同类型的西餐制作，了解不同国家、不同风味的西餐特点，积累多样化的烹饪经验。

3）持续学习与创新

（1）关注行业动态

关注国际和本地的烹饪趋势和流行菜品，不断学习新的烹饪技巧和菜肴制作方法。

（2）参加专业培训与比赛

参加烹饪课程、研讨会、展会等活动，提升专业技能；参加烹饪比赛，挑战自己，锻炼应变能力和创新能力。

（3）个性化菜品设计

创造个性化的菜品设计，注重菜品的创意性和创新性，让顾客对菜品印象深刻。

4）培养职业素养

（1）团队合作与沟通能力

西餐厨房通常是一个团队合作的环境，因此需要具备良好的团队合作精神和沟通能力。

（2）注重细节与品质

西餐注重精致和细节，因此需要在食材选购、切割、烹饪和装盘等方面都做到精致、细致，注重食材的品质和营养价值。

（3）积极的工作态度

保持自信、严谨、认真的工作态度，对工作充满热情，勇于接受挑战和不断进步。

5）职业发展规划

（1）考取相关证书

考取高级厨师资格证书、西式烹调师资格证书等，以提升个人职业竞争力。

（2）建立个人品牌

通过在社交媒体和专业平台上分享烹饪作品、参加公开的烹饪表演等方式，建立个人品牌，吸引潜在客户和雇主的关注。

综上所述，要快速成长为一名优秀的"西餐厨师"，需要不断学习、实践和创新，同时注重职业素养的培养和职业规划的制定。通过不断努力和实践，你将能够在西餐烹饪领域取得卓越的成就。

1.3.3　西餐厨师的绩效考核

1）行政总厨月度绩效考核表

	考核权重	考核明细	考核金额	质检审核
考核奖金 3 000元	营业额 500元	①营业额完成100%，不奖不罚； ②超额1万～5万元，放5%进奖金池； ③超额5万～10万元，放10%进奖金池； ④超额10万元以上，放15%进奖金池。		
	检查 300元	工作流程和整改计划的执行：每月服务、卫生检查达到标准，未达到标准，按20元/次扣除，扣完即止。		
	客人满意度 500元	网评菜品差评一个月内超3条，每增加1条扣50元。 好评 一个月内超3条，每超出一条奖励10元。		
	员工满意度 200元	员工每月流失人数控制在5%，每超出一人扣50元/人。		
	菜品毛利 1 000元	菜品毛利率折前控制（财务数字），每下降0.5扣50元。 成本费用（财务数字），每增加50%，扣50元。		

续表

	考核权重	考核明细	考核金额	质检审核
考核奖金 3 000元	安全事故 300元	每月按要求填写安全检查报表，如出现安全事故： 200～500元为一般事故，出现一次扣罚50元； 501～2 000元为大事故，出现一次扣罚200元； 2 000元以上为重大事故，如果出现取消该项考核奖金300元，并按责任划分处罚。		
	月工作计划 200元	月工作计划完成情况，100%完成全得，如果未完成，按照比例扣除，扣完为止。		

2）西餐厨师月度绩效考核表

工作项目	评估内容	分值/分
菜品质量及出品速度	按菜单制作，没有造成菜肴出错或退菜。	6
	菜品味道佳，没有被客人投诉。	6
	没有配错菜或漏配菜。	6
	没有发现过期食品和变质食品。	6
	出品及时，备料充足。	6
工作态度和责任心	心态乐观向上。	4
	服从工作安排及上级指令。	6
	发现问题及时上报，及时妥善处理。	4
	收货，验货认真准时。	6
	能自发工作。	6
	每日及时做出急推和沽清。	4
	每日收档认真检查，关闭好水、电、气，保证安全。	10
岗位卫生	区域卫生按照 5S标准执行。	8
	冰箱及时整理，没有异味。	6
	荷台柜内物品摆放整齐，调料缸及时加盖。	6
	食品按标签放入对应保鲜盒，及时整齐放到冰箱保存。	5

续表

工作项目	评估内容	分值/分
岗位卫生	收档后物品摆放整齐。	5
合计		100

- 总得分95分以上（不含95分），奖励工资的8%。
- 总得分85~95分，当月奖励200元。
- 总得分75~84分，不奖不罚。
- 总得分60~74分，罚200元。
- 总得分60分以下，罚基本工资的8%，并提出警告。

1.4　西餐厨房的日常管理制度

	任务 07｜管理能力 了解西餐厨师的日常管理 ———— 建议学习方法 阅读、案例

制度 POLICY	厨房的各项制度 The rules of the kitchen	编号 REF. NO.	
执行职位 POSITION RESPONSIBLE	西厨员工 All Kitchen Associates	涉及部门 DEPT. CONCERNED	餐饮部厨房 F&B- Kitchen

执行程序（PROCEDURES）：

（1）厨房纪律

①按时上下班、签到签离，不许迟到、早退。　②坚守岗位，不许擅离岗位。

③当班时不许打瞌睡。　④不许在醉酒或神志不清状态时当班。

⑤服装要整齐、要佩戴胸卡。　⑥不许浪费或损害酒店财产。

⑦不许无故旷工。　⑧服从上级管理。

⑨不许偷吃偷喝厨房食品。　⑩不许偷拿酒店财物及食品。

⑪不准骂人及打架。　⑫正确按程序使用厨房设备。

⑬不许在员工内搞不团结的事情。　⑭工作时间不许会客。

⑮当班时间不许接打私人电话。　⑯不许将自己的食品、饮料带入酒吧内。

⑰下班签离后，请勿在酒吧逗留。　⑱没有穿工作服装，严禁进入厨房。

⑲说话要有礼貌，不许说话带脏字。　⑳不许乱动厨房的消防设施

续表

（2）个人卫生和仪容仪表

①员工要一天洗一次澡。　②手指甲必须剪短。

③不抹指甲油。　④不许在工作场所梳头发。

⑤厨房内不许抠鼻子、抓搔、擤鼻子。　⑥不许用手蘸食品尝。

⑦手拿生鱼、生肉后要洗手。　⑧上岗前要洗手。

⑨拿过变质的食品后要洗手。　⑩握过垃圾桶后要洗手。

⑪口腔不许有异味。　⑫男员工不许留胡须、长发。

⑬女员工要将头发盘起或将长发梳到背面。　⑭牙齿要保持清洁。

⑮不许喷香水。　⑯嘴里不许嚼口香糖。

⑰身上不能有异味。　⑱员工制服要整洁，要佩戴名牌。

⑲头发要保持干净整齐，要随时戴帽子，男员工不许留长发。

DEPARTMENT: F&B-Kitchen 部门：餐饮部厨房	JOB TITLE: All Kitchen Associates 职位：全体厨房员工
TASK NO: 任务序列号：	TASK: Using Standard Recipe 任务：标准菜谱的使用
EQUIPMENT REQUIRED: 所需设备：	

WHAT TO DO 行动	HOW TO DO IT 步骤	REASON 原因
Standard： A standard recipe is a formula, which lists all the ingredients and methods necessary to prepare and present a dish. 一个标准菜谱相当于一个公式。它包括了所有的原材料，必要的烹调方法，从原材料的准备与加工直到一道菜肴的完成。 It lists the name of the dish, the exact quantities of each ingredient and how they are to be measured, and processed, cooked and presented and the portion yield. 它列举出了菜肴的名称，每一种原材料的准确用量，怎样去测量，还包括程序、制作，烹制后的状态，每一份的标准份额。	Procedures： ①Read the recipe thoroughly. 彻底地阅读标准菜谱。 ②Check that you understand all the terms used in the recipe. 核实并清楚地了解用在标准菜谱中的所有专用名词。 ③Familiarise yourself with all the items in the recipe. 你必须熟悉菜谱中的每一项。 ④Identify methods used to bine ingredients. 鉴定食品的原材料和烹调方法的关系。 ⑤Make sure that you are familiar with all the process in the recipe. 确保熟悉菜谱里的全部过程。 ⑥Scale the recipe if more portions are required. 如果要求很多份，须称出标准的重量。	

续表

The purpose of a standard recipe is to control the production of a particular food so that it can be consistent in quality, quantity, presentation and taste regardless of who cooks it. 标准菜谱的目的是更好地掌握制作的细节，无论谁烹制都能使菜肴的质量保持一贯性。而且容易控制数量，也方便于介绍和品尝。	⑦Prepare a work plan. 安排好准备工作。 ⑧Apply for any food needed for the production. 申请所有需要制作的食品。 ⑨Gather all required ingredients, utensils and tools required. 收集好所需的原材料、器皿及工具。 ⑩Set equipment to correct temperatures and speeds. 迅速把所需设备的温度调试在正确状态下。 ⑪Weigh and measure all ingredients accurately. Do not Estimate. 准确地称出或量出所有的原材料，不能估算。 ⑫Verify all raw materials, including measurement units. 核实所有的原材料，包括计量单位。 ⑬Proceed step by step through the method of preparation. 着手于烹调食品的准备工作。	
An established standard recipe must be strictly adhered to and followed and must not be changed in any way or form without permission from the Executive Chef. 未经行政总厨许可，任何人都不能更改确定好的标准菜谱，必须严格遵循。	⑭Check your product during the process, as timing is important for many dishes. 许多菜肴在加工制作过程中，时间的长短是相当重要的。 ⑮Maintain a clean work area. 保持工作间的清洁。 ⑯Seek help from supervisors if you do not follow any step of this Recipe. 如果你不能按照标准步骤进展，那么必须找你的主管来帮助。	

制度 POLICY	每天班前、班后例会程序和时间	编号 REF. NO.	
执行职位 POSITION RESPONSIBLE	西厨员工	涉及部门 DEPT. CONCERNED	西厨房

目的（OBJECTIVE）：
通过班前、班后会议可及时解决每天日常工作中出现的问题，同时对当天工作的安排及第二天工作的正常运转做好充分的准备。

执行程序（PROCEDURES）：

种类：

①临时会议；

②每日10分钟会议；

③每日正常会议。

临时会议：

①当传达酒店指示时；

②当出现临时团时，经理将召集主管详细查询各部门的特别安排。

时间：不定

每日10分钟会议：

（1）每日上午9：00

召集主管，对中午开餐的临时变化，或有临时团队，进行简单说明，目的是使餐厅运作顺利结束，并发放昨日提货单。

（2）每日晚上10：30

①召集主管；

②总结当日工作中出现的问题；

③解决有关投拆；

④收集各部的领货单；

⑤安排第二日工作。

每日正常会议：

内容：

①传达酒店上级批示；

②分析当日投拆现象；

③分析当日工作并进行总结；

④对临时团队进行订单安排；

⑤对特式的标准统一；

⑥对员工的每周、每月的评估；

⑦与酒店其他各大部分的联系和总结。

以上各种会议的会议记录：

①打印并传递给各主管签字 。

②存档。

1.5 5S 管理的基本知识

任务 08 ｜ 管理能力
学习西餐厨房5S管理的基本知识，配套工具，标识的设计与使用
建议学习方法 阅读、案例

在繁忙的西餐厨房中，我们经常遇到物品摆放混乱、卫生难以维持等问题。为了改善这一现状，我开始接触并学习5S管理。

餐饮5S管理源于传统中医药剂管理，兴于中国香港的管理系统，借鉴世界先进的5S管理法精神，结合餐饮业实际而创建的一套简洁而高效的现场管理方法。

其包括常组织（Structurise）、常整顿（Systematise）、常清洁（Sanitise）、常规范（Standardise）和常自律（Self-Discipline）5个部分，旨在通过规范化和标准化的管理，提高工作效率，保障工作安全，令企业更具竞争力。

在厨房日常工作中，我和同事首先对厨房内的物品进行了全面整理。将不必要的物品清理出去，确保工作区域的整洁。接着，我们对剩余的物品进行了合理分类和摆放，使其易于取用和归位。同时，我们还加强了对自己岗位的清扫和清洁工作，确保工作环境的卫生和安全。

通过5S管理的现场实践，我们的厨房发生了显著的变化。首先，厨房的工作效率得到了显著提升。由于物品摆放有序，取用更加便捷，我们的工作流程更加顺畅。其次，厨房的卫生状况得到了明显改善。定期的清扫和清洁工作使厨房保持了整洁和卫生，为顾客提供了更加安全、健康的食品。

同时，我也希望能够将5S管理推广出去，让更多的同行受益并从中获得成长。在后面的章节里，我会将5S管理在实际中的应用进行简单的介绍，让各位对5S管理的效果有个认识，有兴趣的读者可以通过更系统地学习，深入了解5S管理的导入与落实。我相信，在5S管理的指导下，我们的厨房工作将更加出色，为顾客提供更加优质的服务和美食体验。

1.5.1 5S管理的定义

什么是5S管理

工作常组织，天天常整顿，环境常清洁，事物常规范，人人常自律。

序号	5S管理	定义	目的
1	常组织 Structurise	区分要用的和不用的，不用的清除掉。 Distinguish between what you want to use and what you don't want to use, and remove what you don't want to use.	把"空间"腾出来活用。 Make "space" available and use it effectively.

续表

序号	5S管理	定义	目的
2	常整顿 Systematise	用的东西依规定定位、定量摆放整齐，明确标示。 Required items are positioned, rationed and clearly labelled.	不用浪费"时间"找东西 Don't waste "time" searching for things.
3	常清洁 Sanitise	清除工作场所内的脏污，并防止污染的发生。 Removal of soiling from the workplace and prevention of contamination.	消除"脏污"，保持工作场所干干净净、明明亮亮。 Eliminate "dirt" and keep the workplace clean and bright.
4	常规范 Standardise	将上述"三常"实施的做法制度化、规范化，并贯彻执行及维持成果。 The Practices of the "three constants" should be institutionalized and standardized, and then implemented consistently to maintain the achieved result.	通过制度化来维持成果，并显现"异常"之所在。 Maintaining results through institutionalization and highlighting the "anomalies".
5	常自律 Self-Discipline	人人依规定行事，从心态上养成好习惯。 Everyone acts according to the rules and develops good habits from the mindset.	改变"人质（人的素质）"，养成工作认真的习惯。 Develop the "habit" of paying attention to seriousness in work.

1.5.2 执行5S管理的流程

5S管理推行流程

1.5.3　5S管理的辅助工具

5S管理的
工用具

插式标示卡储槽可对食品进行分色、分日期存放。

Plug-in labelling card storage slot can be divided by colour and date of food storage.

加厚PP环保材质，有效防潮。

Thickened PP environmental protection material，effective moisture-proof.

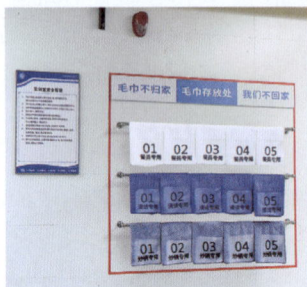

带编号的分色毛巾。

不同用途用不同颜色的毛巾，避免交叉污染。

Colour coded towels.

Use different coloured towels for different purposes to avoid cross-contamination.

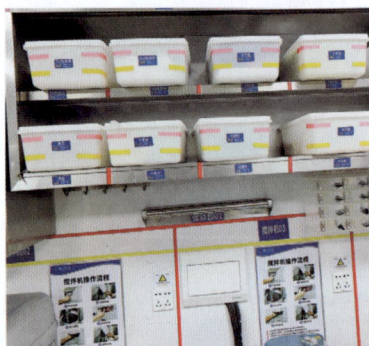

定位画线标贴，用于划分物品存放区域。

Positioning and marking stickers, which are used to divide the storage areas for items.

用于水池标示水位限高。

For marking the maximum water level.

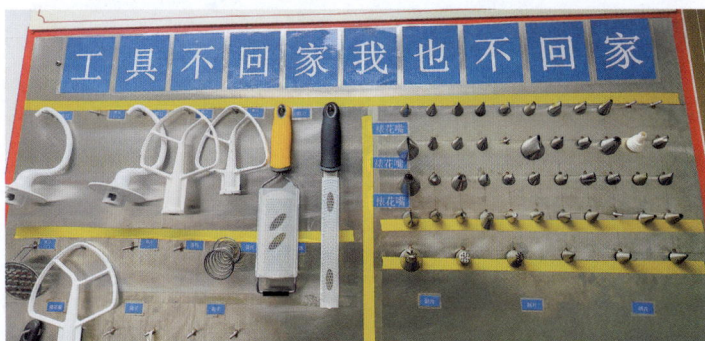

不锈钢工具墙：用于工具、围裙、毛巾上墙摆放。
Stainless Steel Tool Wall：For tools，aprons，towels on the wall.

1.5.4　5S管理的标签

作为物品定位存放的重要道具，标签的规范与否直接影响到整个餐厅5S管理的成败。

1）标签的材质

材质 Material	用途 usage
车身贴+有机片盒 Sticker + Plastic Box	用于岗位责任卡。 For job responsibility cards.
PVC丝印 Printing on PVC	用于物品名称、位置管理标识 。 For item names and location management marking.
车身贴+安迪板 Sticker +PVC	用于企业看板、工作流程、操作指引。 For corporate signage，workflow，operational guidelines.

2）标签的规格

标签的规格能直接影响到整体美观，如在两个保鲜柜上贴上不同规格的岗位责任卡，这样就会给人乱糟糟的感觉。

3）标签的字体

标签的字体要使用打印的方式，不但易于统一字体和大小，而且标准和美观。

4）标签的安装

标签必须粘贴好，特别是一些危险、警示标签，并且要经常检查是否脱落。

实战——"名"与"家"标签模板		
模板	示例	说明
物品名 物品编号	**黑椒汁** JL-3-3-5	用于标示物品定位的"家"标签。如现场调味料的定位标签等。
物品名 进 物品编号 最低存量／最高存量 出	黑椒粉 进 XL-1-2-2 最低存量 3瓶／最高存量 10瓶 出	名称+数量+先进先出的"名"标签，多用于仓库、储物间等区域。
物品存放处	**手布存放处**	用于标示一大类物品存放位置的标签。如毛巾存放处、围裙存放处等。
酱料名 开瓶日期： 使用期至：	**鱼露** 开瓶日期： 使用期至：	已开瓶酱料的"名标签"标明期限，避免过期使用。
食品原料 存放日期： 保质期至：	**原切牛扒** 存放日期： 保质期至：	食品原材料的"名标签"标明使用期限，避免过期使用。

实战——责任人标签模板
管理责任卡是一种有效现场管理工具，它主要用于明确和规范岗位中员工的责任和职责。员工可以更好地了解自己的工作职责，提高工作效率，减少工作失误。 Management responsibility card is an effective site management tool，which is mainly used to clarify and standardise the responsibilities and duties of employees in a job. Employees can understand their job responsibilities better，improve work efficiency and reduce work errors.

冷藏操作台——5S责任卡

管理要求
1. 所有原材料必须盖好封严；
2. 不准放胶袋；
3. 物品摆放整齐有序，不能堆放；
4. 新料旧料要分开，做到先进先出；
5. 保证冷藏操作台正常运转，出现故障及时上报维修；
6. 不准有药品、个人物品或其他污染源存在；
7. 表面无油污、水渍，保持操作台干净明亮。

清洗保养
1. 清洁要求：每周进行一次彻底清洁；
2. 使用方法：每日清洁，做好维护保养；
3. 办法要求：整齐摆放；
4. 清洁程序：断电-开门-用洗涤剂水擦洗干净-用清水擦拭干净内壁。

责任人：_____
监督人：_____

餐具器皿
按位摆放

5S 1S-常组织　2S-常整顿　3S-常清洁　4S-常规范　5S-常自律

续表

洗肉池——5S责任卡

管理要求	1. 只能用于肉类的清洗； 2. 清洗肉类后，必须清洗水池，让水池保持干净； 3. 及时处理水池出口的垃圾，不可遗留； 4. 每次下班检查，每次下班清理。
注意事项	1. 保持周围环境的卫生； 2. 做到无污渍，无垃圾，无水渍。

责任人：＿＿＿＿＿＿

监督人：＿＿＿＿＿＿

保 持 干 洁
节 约 用 水

SS 1S-常组织　2S-常整顿　3S-常清洁　4S-常规范　5S-常自律

解冻池——5S责任卡

管理要求	1. 只能用于食材的解冻； 2. 解冻大件食材应先拆解，再放入池内解冻； 3. 必须冲水解冻时注意节约用水； 4. 每次下班检查，每次下班清理。
注意事项	1. 保持周围环境的卫生； 2. 做到无污渍，无垃圾，无水渍。

责任人：＿＿＿＿＿＿

监督人：＿＿＿＿＿＿

保 持 干 洁
节 约 用 水

SS 1S-常组织　2S-常整顿　3S-常清洁　4S-常规范　5S-常自律

续表

冰箱01——责任卡

	左柜	右柜
上层		
下层		

责任人：   监督人：

顶岗人：

冰箱使用和保养管理卡

使用说明	1. 搬运：保持冰箱正直倾斜度最大不超过45°，禁止倒置、横放。 2. 放置：与墙体保持10 cm，箱体平稳。 3. 化霜：蒸发器表面有5 cm以上的霜时需及时化霜，化霜时应切断电源，打开门，加速化霜，禁止用金属器具铲除冰箱层。
操作说明	1. 工作台不可重力撞击或用利器砍砸。 2. 当天及时用软布擦净霜体。 3. 为节约用电，应减少开门次数，缩短开门时间。 4. 定时清理冷凝器及风扇上的油点，确保制冷效果。
维修人：	电话：

5S 1S-常组织   2S-常整顿   3S-常清洁   4S-常规范   5S-常自律

实战——存放总表模板

5S之所以能在30秒内取放物品，除明确地分类，科学地摆放外，还有就是清晰的"索引"，也就是物品的"存放总表"。

The reason why 5S can pick up and place items within 30 seconds is that, in addition to clear categorisation and scientific placement, there is also a clear "index", which is a "master storage inventory" of items.

1.5.5　班前班后五分钟5S管理

到岗之后检查一遍，看自己的责任区域内是否清洁、设备是否能正常运作，原材料、酱料及配备工具是否齐全充足，发现问题应及时处理，以免影响正常工作。

离岗之前检查一遍。主要是针对卫生，水、电、气开关等问题进行检查，避免发生意外。

做我所写，写我所做！

推行餐饮5S管理，与一般管理不同，责任区域的工作职责、制度，都是该区域员工自己制定的，不存在"大石砸死蟹"的情况，但必须公布出来，接受监督。

上班前	下班前
①检查自己的仪容仪表。 Check your grooming. ②检查昨天的存货情况。 Check yesterday's stock. ③了解当天的订餐情况并做好准备工作。 Check daily meal orders and prepare accordingly. ④检查当天所需的原材料是否充足。 Check that there are enough ingredients needed for the day. ⑤做好每天的家私、用具准备工作。 Prepare the furniture and utensils for the day.	①检查雪柜、保险柜物料摆放，归类分层摆放。 Check the refrigerator, safe material arrangement, categorisation and layering arrangement. ②对加工的生产工具清洁、归"家"。 Clean and return all production tools to designated locations. ③检查并总结当天出品的投诉情况，发现即整改。 Check and summarise the complaints of the day's output, production is rectified. ④落实明天的原材料备货计划。 Implement tomorrow's raw material stocking plan. ⑤关好水、电、气，检查炉具、地面、风扇安全卫生。 Shut off the water, electricity, gas dear, check the stove, ground, fans safety and hygiene.

1.5.6　5S管理的内审及外审

　　5S管理并不是一旦达标就万事大吉了，而是一个螺旋向上不断改进不断上升的过程。要知道原材料在变化、消费者口味在变化、工艺在变化，经营方式也在变化，因此必须进行审核。在审核中不断改善，而且要审时度势及时提出又一轮的目标。

　　审核的重点就是要改变我们"一劳永逸，安于现状"的工作态度，而且不能满足第一轮达标后就停下来，以为企业就能一直保持下去。只有一轮一轮地提出新目标，使餐饮5S管理不断追求卓越，才能巩固前一轮的成果，又能使现场管理不断提升。

审核的依据——《5S执行审核标准表》				
五常法检查表				
项目	审核内容	审核标准	分值	得分
常组织	非必要品的清理	没有过期、过量的酱料、原材料。	2	
		非定名定位的物品不允许进现场。	2	
	私人物品集中存放	水杯、手布及围裙集中存放。	2	
	设备运作	设备运作正常。	2	
	B训（例会）	准时，内容简明扼要。	2	

续表

审核的依据——《5S执行审核标准表》				
五常法检查表				
项目	审核内容	审核标准	分值	得分
常整顿	标签	标签、贴线有无脱落破损、不规范的情况。	2	
		安全警示标签齐全。	2	
		待加工食品与直接入口食品的加工工具和容器有明显区分标志。	2	
	物品定位	物品在警戒线（红线）内摆放整齐。	2	
		食品与用具，分区隔离存放。	2	
		冰箱、工作柜内物品摆放位置与存放总表相符。	2	
		酱料盒摆放整齐。	2	
		盛装食品/已清洗食材的容器不直接置于地上，防止食品污染。	2	
		下班后炉位摆放要一致。	2	
		清洗和消毒的设备、用具，用完放置在专用的场所或区域。	2	
	物品定量	所有物品储存量在上下限（红黄线及标签上下限）范围内。	2	
	先进先出	按标签的指示拿取物品，按生产日期先进先出。	2	
	工具上墙	除正在使用的工具外，按标签定位摆放。	2	
	毛巾上墙	除正在使用的毛巾外，按标签定位摆放。	2	
	通告栏及宣传栏	整洁无尘，没有损坏，公告及时更换。	2	
常清洁	设施设备维护	根据管理卡的标准进行清洁及维护。	2	
	环境卫生	油烟罩、排烟管表面光亮、无油污。	2	
		调味品排列整齐有序，容器表面清洁。	2	
		墙面、地面无油腻，走路不沾脚。	2	
		工作现场垃圾桶内外清洁。	2	
		荷台、砧板台、护具表面等保持干净。	2	

续表

审核的依据——《5S执行审核标准表》				
五常法检查表				
项目	审核内容	审核标准	分值	得分
常清洁	环境卫生	水台水池内外壁清洁，无污垢。	2	
		加工后的厨余垃圾及时清理。	2	
		无使用码兜直接盛放烹调后的成品菜。	2	
		下水道定期清理，无沉积污水、污物。	2	
	餐具及瓷器	无污渍，干爽。	2	
	消毒设备的使用	消毒记录填写情况，是否根据管理卡的开启时间进行记录。	2	
	员工洗手	禁止水池混用，进岗前是否洗手。	2	
常规范	环境呈直线和直角式的布置	通道没有物品阻塞。	2	
	火警安全	每天检查消防设备。	2	
	设备操作标准	按展板流程操作。	2	
	初加工操作	按展板流程操作。	2	
	菜品加工	按展板流程操作。	2	
	目视管理	通道、管道等的方向标志及颜色区分。	2	
	颜色和视觉管理	处理生、熟用具按颜色区分。	2	
	电掣功能标签及电线的整理（包括离地）	电掣、电器插头（包括渔池对应机组）有清晰的标签电线贴在墙面或桌面，整理妥当，没有裸露。	4	
	节省能源的方法	冷库及雪柜按温度指引操作。	2	
	"五常博物馆"	"五常博物馆"内容定期更新。	2	
		公告文件易于更换（用硬胶套或有机片盒子）。	2	
常自律	工具归家	工具、刀具、砧板及时清洗、归位，酱料用完加盖归家。	2	
	履行个人职责	遵守员工守则并切实执行。	2	

续表

审核的依据——《5S执行审核标准表》				
五常法检查表				
项目	审核内容	审核标准	分值	得分
常自律	仪容仪表	按照公司标准着装，工衣整洁、个人卫生良好	2	
	检查表的使用	除正在使用的检查表外，按标签定位摆放，并按照检查表格认真填写	2	
	上、下班五分钟行五常	全体员工是否每天执行五常法工作（抽检个别员工执行情况）	2	
	合计		100	
评分说明：满分：完全符合；每发现一个地方不符合要求扣0.5分以上，扣完即止				
填表时间：				

现场审核

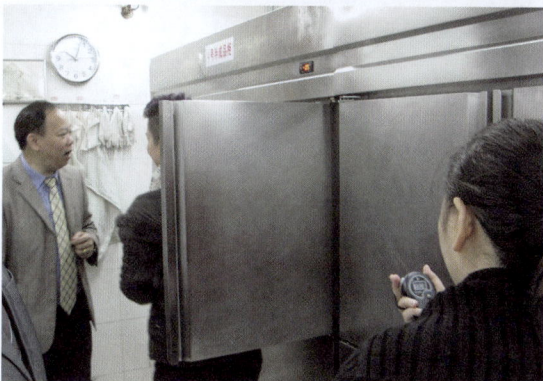

经验点：审核的评比

Experience points: Evaluation of auditing

以竞赛的形式对各部门的5S管理活动进行评价，可以活跃员工推行5S管理活动的气氛，从而使5S管理活动能更有效地开展。5S管理活动的评分要做到公平、公正、公开，让全员知晓。让最后一名的小组因羞愧而发奋做好；让第一名的小组为保持冠军位置而不松懈，从而改善活动成果。

经验点：定期检讨/改善
Experience points: Regular review/improvement

餐饮5S管理推行初期，一定要实施每周检视，若一个月才检视一次，则堆积的问题太多，难有成效。

相对稳定后，可改为每月检视一次，逐渐使餐饮5S管理活动融入日常管理当中。考核中采用见缺点先记录描述，然后再查缺点项目、代号及应扣分数的方法，这样评审人员不必为查核项目一一寻找，浪费时间。

发现了缺点项目后，用《审核问题改善表》记录并统计出来，并说明整改措施，各负责人应在期限内进行有效的整改，并经验证人验证才算合格。

	不合格点说明及改善措施：
	责任人：
	整改完成日期：　　年　月　日
	预防措施：
	承诺人：
	承诺日期：　　年　月　日
效果确认：　　　　　　　　　　　　责任人：　　　　日期：　　年　月　日	
审核员确认：　　　　　　　　　　　姓　名：　　　　日期：　　年　月　日	

经验点：改善的实施
Experience points: Implementation of improvement

进行审核后，我们要对问题点进行改善，这样才能使5S管理得到不断的提升，从而达到最终目标。

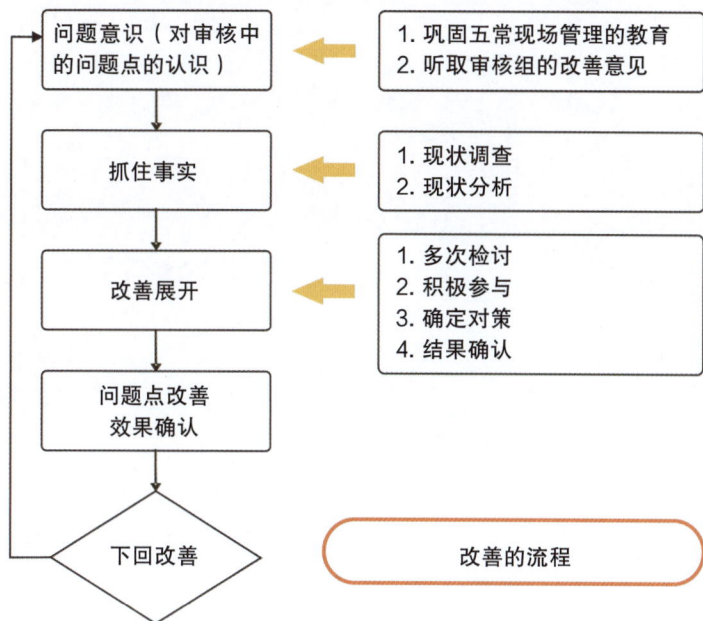

```
┌──────────────────┐        ┌──────────────────────────┐
│ 问题意识(对审核中 │ ◀━━━ │ 1. 巩固五常现场管理的教育  │
│ 的问题点的认识)   │        │ 2. 听取审核组的改善意见    │
└──────────────────┘        └──────────────────────────┘
         │
         ▼
┌──────────────────┐        ┌──────────────────────────┐
│    抓住事实        │ ◀━━━ │ 1. 现状调查                │
│                   │        │ 2. 现状分析                │
└──────────────────┘        └──────────────────────────┘
         │
         ▼
┌──────────────────┐        ┌──────────────────────────┐
│    改善展开        │ ◀━━━ │ 1. 多次检讨                │
│                   │        │ 2. 积极参与                │
│                   │        │ 3. 确定对策                │
│                   │        │ 4. 结果确认                │
└──────────────────┘        └──────────────────────────┘
         │
         ▼
┌──────────────────┐
│   问题点改善       │
│   效果确认         │
└──────────────────┘
         │
         ▼
      ◇ 下回改善 ◇               ( 改善的流程 )
```

技能考核

1. 能够按照要求整理自身的仪容仪表。
2. 能够按照要求整理和穿着专业西厨制服。
3. 说出西厨的行为规范。
4. 列出西厨的岗位设备。
5. 写出现场5S管理的定义。
6. 写出现场5S管理的推行流程。

思考与实验

1. 入职"西餐厨师"前,计划一下你的职业发展规划。

2. 以"西餐厨师"为关键词上网搜索相关的图片和视频,讨论一下他们的形象特点与其所在的工作场景。

3. 以5S管理为关键词上网搜索相关的图片和视频,讨论5S管理的优点,并根据实际情况草拟5S管理的落地执行流程。

4. 以5S管理为关键词,上网搜索5S管理相关标识的图片,结合岗位实际画出相关的标识。

单元2

西厨日常使用的工具及管理

本单元的学习内容主要包括对刀具、烹调工具、铁扒用具、计量工具和定时器等的使用。作为"西餐厨师"，我们不仅要学会使用工具和设备，还要懂得运用5S管理对它们进行维护和管理。

　　"工欲善其事，必先利其器。""西餐厨师"在工作中涉及诸多器皿和工具。其中，最常使用的包括刀具、烹调工具、铁板工具、计量工具和定时器等。作为专业的厨师，我们既要懂得如何选择和使用不同类型的工具和专业设备，更要知道如何对其进行保养和维护。

2.1　刀具

任务 09｜知识能力
辨别常见的刀具，说出不同刀具的用途。
———
建议学习方法
记忆，实操

2.1.1　常见的刀具

厨师刀
Chef Knife

三德刀
Santoku Knife

牛排刀
Steak Knife

雕刻刀
Carving Knife

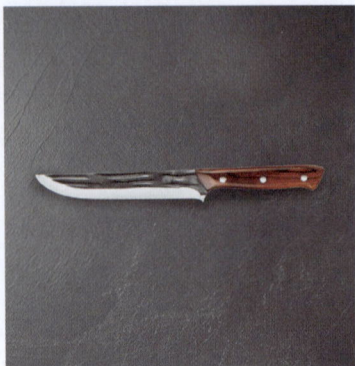

片肉刀
Slicing Knife

剔骨刀
Boning Knife

斩骨刀
Bone Cleaver

面包刀
Bread Knife

1）厨师刀

厨师刀是最常用的西餐刀，切肉和切菜都很实用。这种刀的弧度较大，在切菜时可在刀刃后端，顺着弧度一边铡下去一边顺势前推。

The chef knife is the most commonly utilized western knife，and it is highly practical for cutting meat and vegetables. This type of knife features a large arc，allowing for cutting at the rear end when slicing vegetables，and the rolling motion is pushed forward along the arc.

2）三德刀

三德刀原产于日本，刀片上的椭圆凹痕减小了摩擦力。如果不习惯西式厨师刀的弧度，可以选择这种刀。因为刀刃较平直，可以采用前后拖拉或上下斩切的方式切菜。它常用来切片、切丁和切末。

Santoku knives originated from Japan，and the elliptical indentations on the blades minimize friction. If you are not accustomed to the arc of the Western chef's knife，you can select this knife. Since the blade is straight and flat，it allows for back-and-forth slicing or up-and-down chopping. It is used for slicing，dicing and mincing.

3）牛排刀

牛排刀，顾名思义，就是切牛排的刀。它是最锋利的刀之一，刀尖比一般的刀要更尖，刀齿更大，边缘呈锯齿状。

As the name implies, a steak knife is used for cutting steak. It is one of the sharpest knives, with its tip being sharper than that of the average knife, its teeth being larger, and its edge being either straight or serrated.

4）雕刻刀

雕刻刀是厨师非常重要的一个工具，可以用于雕刻各种食物造型，或是从骨头上剔肉。长而锋利的刀刃可以轻松剔下一块漂亮光滑的切片。

The carving knife is a very important tool for the cook, and can be used to carve various shapes of food, or to cut meat from the bone. The long, sharp blade can easily cut a nice, smooth slice.

5）片肉刀

片肉刀刀刃长且窄，刀片有韧性，适合给肉或生鱼切片。

The blade is long, narrow and flexible, suitable for slicing meat or sashimi.

6）剔骨刀

剔骨刀刀刃处有尖锐的尖端，刀身狭窄，可以轻松绕过难以割断的骨骼和肌肉，是给鲜肉剔骨去皮的理想工具。

The blade has a sharp tip and is narrow enough to easily bypass hard-to-cut bone and muscle. It is ideal for boning and peeling fresh meat.

7）斩骨刀

斩骨刀以其独特的厚刃为特点，用于分解带骨的肉类。由于刀身略重，可以轻松剁开带骨头的肉。

Characterized by its distinctive thick blade, it is used to break down meat with bone. Because the knife is slightly heavy, it can easily cut through meat with bones.

8）面包刀

面包刀刀刃长而平，有锯齿，适合切有硬皮的食物，可以轻而易举地完成面包的切分。

The blade is long, flat and serrated, making it suitable for crusty food and easy to cut bread.

2.1.2　刀具的打磨

	任务 10｜技术能力 掌握刀具的打磨 ———————— 建议学习方法 记忆，实操

1）使用磨刀石磨刀

	操作步骤	具体内容
1	在磨刀石上推磨刀刃 Sharpen the blade on the whetstone	用水或矿物油湿润磨刀石。 Wet the whetstone with water or mineral oil. 以15～20°的恒定角度将刀刃抵在磨刀石上。 Press the blade against the whetstone at a constant angle of 15-20 degrees. 将刀刃从刀尖推磨到刀把处，动作要平稳。 Sharpen the blade from the tip to the handle in a steady motion.
2	将刀刃在磨刀石上朝后拉磨 Pull the blade back on the whetstone	把刀翻转过来，保持同样的角度，以稳定而均匀的动作，把刀向后拉磨。 Turn the knife over, keeping the same angle, and in a steady and even motion, pull the knife back to sharpen it. 重复拉磨几次。 Repeat the sharpening several times.
01		磨刀石磨刀的工作流程 准备工具： 磨刀石，清水或矿物油 ◄◄扫描二维码，获取学习视频
	操作风险提示	在磨刀时，有因滑手而割伤手的风险。因此在磨刀时，动作应该缓慢轻柔，不可操之过急。

2）锉刀

操作步骤		具体内容
1	在磨刀棒上锉刀 Put the knife on the honing steel	沿着磨刀棒的长度，刀刃的每一边来回滑动磨刀几次。 Slide the blade back and forth several times along the length of the bar，honing each side of the blade. 以15～20°的角度握好刀，将两边的刀刃交替进行磨刀。 Hold the knife at a 15-20 degree angle，honing the blade on both sides alternately.
2	重复锉刀动作 Repeat the sharpening action	重复磨刀3～10次，即可恢复刀刃的锋利程度。 Repeat honing 3-10 times to restore the sharpness of the blade.
02		锉刀的工作流程 准备工具： 磨刀棒 ◀◀扫描二维码，获取学习视频
	操作风险提示	在磨刀时，有因滑手而割伤手的风险。因此在磨刀时，动作应该缓慢轻柔，不可操之过急。

2.1.3　刀具的使用技法

	任务 11 │ 技术能力 掌握刀具的基本使用技法 ——— 建议学习方法 记忆，实操

1）刀的基本运用

操作步骤		具体内容
1	舒适地握刀 Hold the knife comfortably	握住刀柄的时候应该是舒适和安全的。 It should be comfortable and secure when holding the handle. 如果需要，可以将食指伸到刀柄的顶部。 If necessary, you can extend your index finger to the top of the knife.
2	调整手的位置 Adjust the position of the hand	有些厨师会在刀柄上握得略微高一点，将食指和大拇指放在刀的底部位置。 Some cooks hold the knife slightly higher on the handle, placing the index finger and thumb at the bottom of the knife. 这个姿势可能更适合切割某些特定的食物。 This position may be more suitable for cutting certain foods.
3	指尖朝下弯曲 Bend the fingertips downward	在切的时候，将另一只手的指尖朝下弯曲，使它们离开刀刃。 As you cut, bend the fingertips of your other hand down so that they are away from the blade. 熟练之后，可以用指关节直接抵着刀来测量出切口的宽度。 When you are skilled, the width of the cut can be measured by holding the knuckle directly against the knife.
4	保持手掌伸得平整 Keep your palms flat	在水平切割的时候，把没有握刀的手平放在食物的上面，远离刀刃。 When cutting horizontally, place the hand which is not holding the knife on top of the food, away from the blade.
5	使用两部分切法的动作 Use a two-part cut motion	要切出片状，先让刀尖接触到砧板。 To make a slice, let the tip of the knife touch the cutting board. 然后，把刀往下拉，再向自己身体的方向拉，完成切割动作。 Then, pull the knife down and back towards your body to complete the cutting motion.

操作步骤		具体内容
6	使用来回运动的方式切割 Use a back and forth motion to cut	切碎或剁碎时，将没有握刀的手置于刀的上面。 For mincing or chopping, place the hand which is not holding the knife on top of the knife. 在食物上以来回运动/上下切割的方式，将食物切割成较小的粒状。 Using the way of moving back and forth/cutting up and down on food, to cut food into smaller pellets.
03		刀的基本运用 准备工具： 厨师刀 ◀◀扫描二维码，获取学习视频
操作风险提示		在使用刀具时，有因滑手而割伤手的风险。因此在使用时，动作应该缓慢轻柔，不可操之过急。

2）切割蔬菜

操作		具体内容
1	将蔬菜切成片 Cut the vegetables into slices	把蔬菜切成大小差不多的块状，有助于受热均匀，看起来也更漂亮美观。 Cut the vegetables into roughly the same size chunks; this helps heat them evenly and looks more beautiful. 将切得不规则的碎片丢弃掉或用于制作高汤。 Discard irregular vegetable pieces or use them to make soupstock.
2	将切好的片切成条 Cut the slices into strips	每次摞起两三片蔬菜片，纵向切成条，条的宽度与片的厚度相同。 Stack two or three vegetable slices, cut them vertically into strips. The width of the strip is the same as the thickness of the slice.

续表

	操作	具体内容
3	将条切成丁儿 Cut the strips into cubes	一次将几条蔬菜拢到一起，横切成与条同宽的丁儿。 Gather several vegetables together and cut horizontally into cubes of the same width as the strip.
4	将蔬菜切成丝 Cut the strips into shreds	按照操作1和操作2进行切割，但是片要切得非常薄，像胡萝卜这样的圆形蔬菜，可以先把它斜切成片。 Cut according to steps 1 and 2. The pieces need to be cut very thin. Vegetables like carrots can be sliced diagonally first.
5	将蔬菜切成粒状 Cut the vegetables into pellets	将切成丝的蔬菜归拢成小捆，横切成非常小的粒状。 Gather the shredded vegetables into small bundles, then cut horizontally into very small granular shapes.
6	将蔬菜切成滚刀块 Cut vegetables into rolling pieces	常用于圆形的蔬菜，尤其是用来烤蔬菜的时候。 Commonly used for cylindrical vegetables, especially when grilling vegetables. 斜着切割蔬菜，然后将蔬菜转动半圈再切，重复这个动作。 Cutting vegetables diagonally, then rotate them half a circle before cutting. Repeat this action.
04		切割蔬菜 准备工具： 厨师刀 ◄◄扫描二维码，获取学习视频
	操作风险提示	在使用刀具时，有因滑手而割伤手的风险。因此在使用时，动作应该缓慢轻柔，不可操之过急。

3）圆形蔬菜或水果的刀工处理

	操作	具体内容
1	修整两端 Trim both ends	用厨刀小心地切下蔬菜/水果的顶部和底部。 Carefully cut the top and bottom of vegetables / fruits with knife. 将其一端平放在砧板上，用手从上面扶稳。 Place one end flat on the cutting board and hold it firmly with your hand from above.
2	切掉外皮 Cut off the skin	使用去皮刀沿着蔬菜或水果的轮廓曲线，将外皮呈长条状切掉。 Cut the skin off in long strips along the contour of the vegetable or fruit.
3	将蔬菜切成小块 Cut the vegetables into small pieces	换回厨刀，将蔬菜切成相应的块状。 Switch back to the chef knife and cut the vegetables into chunks/pieces.
05		圆形蔬菜或水果的刀工处理 准备工具： 厨师刀，去皮刀 ◀◀扫描二维码，获取学习视频
	操作风险提示	在使用刀具时，有因滑手而割伤手的风险。因此在使用时，动作应该缓慢轻柔，不可操之过急。

2.2 常见烹调工具

任务 12｜知识能力
辨别常见的烹调工具，说出它们的用途。

建议学习方法
记忆，实操

漏眼勺

Slotted Spoon

漏眼铲

Slotted Turner

实心铲子

Solid Turner

夹子

Tongs

四面刨丝器（箱式擦菜器）

Multifunction Grater

肉锤

Meat Hammer

平底锅
Skillet

少司锅
Saucepan

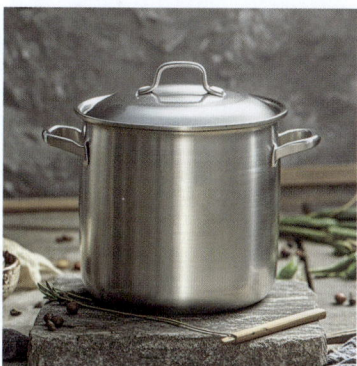

汤锅
Stockpot

铁扒锅（烧烤锅）
Grill Pan

2.2.1　漏眼勺

漏眼勺是从液体中捞出固体食物时使用的主要工具。
It is the main tool used to extract solid food from liquid.

2.2.2　漏眼铲

漏眼铲用于煎炒。
Slotted turner is used for frying.
铲面上的开槽可以让油脂滴落，并防止其飞溅。
Grooves on the slotted turner surface allow the grease to drip and prevent it from splashing.

2.2.3　实心铲子

实心铲子是煎炒、铁扒或烘烤时的完美工具。

A solid turner is the perfect tool for sauteing, grilling or baking.

2.2.4　夹子

夹子用来夹取块状食物，也可以用来拌制沙拉及其他操作。

Tongs are used to pick up chunks of food, mixed salad, etc.

2.2.5　四面刨丝器（箱式擦菜器）

1）研磨（Grind）的切面

当擦取一块食物（如硬质奶酪、陈面包或巧克力等）时，在切面处上下移动，很多的小尖刺会将食物锉成细小的颗粒状。

When rubbing a piece of food（such as hard cheese, stale bread or chocolate, etc.）, by moving it up and down the cut surface, countless small spikes will file the food into fine particles.

2）擦丝（Graining）的切面

当食物（如根类蔬菜或中软质到硬质奶酪等）在这些孔洞上来回擦取时，就会擦成丝状。

When food（such as root vegetables or soft to hard cheeses）is rubbed back and forth over these holes, it becomes thread-like.

3）刨片（Slicing）的切面

将食材擦取成宽的带状。

Rub the ingredients into wide strips.

2.2.6　肉锤

肉锤用来按压或敲打肉或家禽等食材，使其更加柔软和易于吃咬。松肉锤可以帮助食材更均匀地煮熟，也可以为腌制提供更好的渗透性，使调味更容易进入肉质中。

Meat hammer is used to press or beat meat or poultry ingredients to make them softer and easier to bite. A meat tenderizer helps the ingredients cook more evenly and also provides better penetration for marinating, making it easier for the seasoning to work its way into the meat.

2.2.7　平底锅

平底锅的底部是平坦的，可以使热量均匀分布，并且有助于食物均匀受热。这使得它适合高温烹调，如快炒、煎煮。

The bottom of the pan is flat, which allows the heat to be evenly distributed and helps the food heat evenly. This makes it suitable for high temperature cooking, such as stir-frying and pan-frying.

2.2.8　少司锅

它是一种具有高边缘的厨房锅具，它通常由不锈钢、铸铁、铝或铜等材料制成。少司锅与平底锅相似，但它的边缘要高得多，以便更好地容纳液体，并减少溅出。它通常用于烘焙、煮汤、炖菜和炸食。

It is a type of kitchen pot with a high edge, which is usually made of stainless steel, cast iron, aluminum or copper materials. A saucepan is similar to a skillet, but it has a much higher edge to better hold the liquid and reduce spatter. It is commonly used in baking, soups, stews and frying.

2.2.9　汤锅

汤锅在长时间小火加热高汤、汤菜及炖菜肴时优势显著，其厚壁材质，导热均匀且保温性强，能稳定维持锅内微沸或恒温状态，避免局部过热导致食材煮烂，同时让营养和鲜味充分融入汤中。

The stockpot has significant advantages when slowly heating stock, soup dishes, and stewed dishes over a low heat for an extended period. Its thick walls conducts heat evenly and has strong heatpreservation properties. It can stably maintain a state of gentle boiling or constant temperature inside the pot, preventing local overheating that could cause the ingredients to become overcooked and mushy. At the same time, it allows the nutrients and umami to fully blend into the soup.

汤锅也可以用来煮需要大量水的意大利面、龙虾或玉米棒等。

The stockpot can also be used to cook pasta, lobster or corn on the cob that require a lot of water.

2.2.10　铁扒锅（烧烤锅）

底部有脊状凸起的煎锅，可以烙印上漂亮的棕色纹理，类似于烧烤架上的食物。

A skillet with ridges on the bottom can be branded with a nice brown texture, similar to food on a barbecue.

铁扒锅的优点是可以排出食物中的一些脂肪，同时也能提供诱人食欲的外形。

The advantage of the grill pan is that it can remove some of the fat from the food, while also providing an attractive shape.

2.3 工具设备的 5S 管理

任务 13 | 知识能力 了解日常工具的定位和存放方法 ——————— 建议学习方法 阅读、案例、实操

厨房的运作效率直接关系到餐厅的盈利能力，因此，合理定位存放厨房用具具有重要意义。而接下来的任务，就是如何妥善地安置这些生产工具，可以确保厨师能够快速找到所需工具，减少寻找时间，从而提高工作效率。同时又能兼顾摆放整齐和美观，使厨房显得有条不紊。

厨房所用的各类工具应当分类管理、分开使用、定位存放，这种做法是为了提高工作效率、保持厨房卫生、避免食物交叉污染以及方便清洁。

2.3.1 工具的"常组织"：分类管理及分层管理

分类管理作为厨房管理中的核心策略之一，其重要性不言而喻。它不仅关系到厨房空间的高效利用，还直接影响烹饪过程的顺畅与安全。

首先，根据工具的功能和用途进行分类，是实施高效管理的第一步。这样的分类包括但不限于：刀具类（如主厨刀、切肉刀、水果刀等，它们各自承担不同的切割任务）、锅具类（如炒锅、炖锅、蒸锅等，满足不同的烹饪方式）、餐具类（如碗盘、筷子、刀、叉、勺等，用于食物的盛装与进食），以及厨房用具类（如量杯、量勺、搅拌机、榨汁机等，辅助完成食材准备与加工）。

其次，针对每一类工具进行分层管理，旨在提升使用的便捷性与安全性。对于使用频率极高的工具，如日常烹饪中不可或缺的刀具，应当摆放在易于拿取且显眼的位置（如挂墙式刀架或是操作台附近的层架上，并用刀箱存放），确保在紧张的烹饪时也能迅速取用，减少寻找时间。而对于那些偶尔才会用到的工具，如节日特用的烘焙模具或是专业的厨师用具，则可以选择收纳在周边的储物箱中，以保持厨房空间的整洁与开阔。

此外，分层管理还应考虑到工具的材质、大小及质量等因素。例如，重型的锅具最好存放在坚固的底部抽屉或架子上，以防移动时造成不便或安全隐患；而轻巧的餐具和用具则可以灵活利用多层抽屉或隔板进行有序排列，便于分类查找。

综上所述，分类管理通过科学的分类与合理的布局，不仅提升了厨房的整洁度与美观性，而且大大提高了烹饪效率与安全性，是每一位厨师都应掌握的重要技能。

2.3.2　工具的"常规范"：分开使用

分开使用是为了避免食物交叉污染。在厨房中，我们经常会使用到不同类型的工具，如切菜板、刀具、餐具等。如果这些同类工具没有生熟分开使用，就很容易造成食物交叉污染。因此，我们需要根据食品的生熟程度和用途，运用颜色管理，将每类的工具分成不同的使用区，这样可以有效地避免食物交叉污染，保证食品安全。具体操作方法将会在单元4中详细阐述。

颜色	使用范围	用途	附图
绿色	厨房（水果、蔬菜类）	切配经过清洗的水果、蔬菜	
白色	厨房（即食食品、熟食、蛋糕类）	切配即食食品、熟食、乳制品、刺身、寿司、蛋糕、面包等	
红色	厨房（生畜类）	切配生畜类（猪、牛、羊）等	
黄色	厨房（家禽类）	切配家禽类（鸡、鸭、鹅）等	
蓝色	厨房（水产品、海鲜类）	切配水产、海鲜类（虾、蟹、鱼）等	

2.3.3　工具的"常整顿"：定位管理

定位存放是为了提高工作效率和保持厨房卫生。厨房工具种类繁多，如果不进行定位存放，就会给工作带来很大的不便。因此，我们需要根据工具的使用频率和使用场景，将它们放在合适的位置。例如，将常用的调味料放在固定的位置，这样就可以在烹饪时快速找到它们。此外，定位存放还可以避免工具乱放和乱拿的情况，保持厨房的整洁和卫生。工具的存放方法一般有两种："挂"起来和"藏"起来。

工具的定位管理

1）"挂"起来

"挂"起来的锅具
"Hanging" cookware

"挂"起来的刀具及用具
"Hanging" knives and utensils

续表

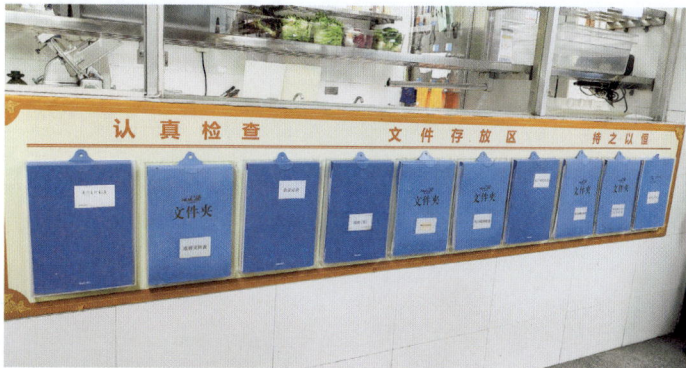

"挂"起来的厨房文件
"Hanging" kitchen documents

在工作岗位，通过"挂"起来的方式，将工具定位存放，一方面充分利用垂直空间进行存放，减少空间的浪费；另一方面，做到随手可取，随手可放回，大大提高了工作效率。

2）"藏"起来

"藏"起来的调味盒
"Hidden" seasoning box

"藏"起来的方式，同样可以起到节省空间的作用。而且对于既要方便使用，又要及时加盖盖子的物品，用"藏"起来的方式，最为方便，如调料盒，用时就拉出来，不用时就推回去；而垃圾桶，就设置在加工岗位里，上面设置一个可以开关的口，一推，垃圾就掉进垃圾桶里，要倒垃圾时，把整个门打开即可。而且垃圾桶采用容易清洁的不锈钢材质，每天班后立即清洁，方便又卫生。

1. 懂得根据图片或实物区分刀具并说出它们的名称和应用场景。
2. 按照规范流程切割蔬菜。
3. 按照规范流程分别用磨刀石和磨刀棒，对刀具进行打磨保养。

1. 通过网上查询资料，再根据各岗位的工作职责，试列出每个岗位的基本工具。
2. 如果你所在餐厅的常用工具损耗与丢失率过高，而你作为厨房的负责人，你会怎么防止这类事情的发生呢?

单元 3

工作岗位的"常清洁"

　　"常清洁"意义在于创造和维护一个整洁、卫生、优美的工作和生活环境，主要包括以下几个方面。

　　1. 清除脏污：保持工作环境的整洁干净，可以提高员工的工作效率和士气。

　　2. 维护保养设备：清除污垢和杂质，可以延长设备的使用寿命。

　　3. 发现异常情况：及时解决问题，确保生产过程的顺利进行。

　　4. 稳定设备、设施、环境质量：可以提高产品或服务的质量。

　　5. 减少员工伤害：保持环境整洁，可以防止人员摔倒时磕伤、碰伤等意外伤害。

　　学习者通过本单元，将学习到岗位责任的划分，清洁标准的制定，检查制度的落地，及一些卫生清洁的改进方法，从而实现岗位的"常清洁"。

西餐厅所提供的产品是"服务"，而构成这一产品的内容有很多，包括菜品、饮品等，那么，西餐厅必须要注重的是什么？答案是卫生。

厨房的卫生情况是西餐厅需要非常重视的一环。如果餐厅出售的菜品内含有对人体有害的因素，一旦给消费者造成伤害，将会为餐厅带来负面影响，甚至需要负法律责任。轻者对受害人进行必要的经济赔偿，重者会受到法律的制裁。因此，厨房岗位的"常清洁"十分重要。

常清洁的格言	
①我不会使物品变脏。	①I will not make things dirty.
②我不会随地倒水。	②I will not pour water anywhere.
③我不会随地乱扔物品。	③I will not throw things around.
④我会马上清理物品。	④I will clean up immediately.

在实践中，你会发现许多问题都是因为没有经常清洁而引发的。

例如：

①地面的水或油渍导致顾客或员工滑倒；	①Water or grease stains on the floor may cause customers or employees to slip;
②油烟罩的污垢可能会引发火灾；	②Dirty grease hoods may cause a fire;
③模具没有清理干净使做出的点心不合格；	③Moulds not being cleaned make substandard dim sum;
④从设备上掉下来的杂物落进了盘子里；	④Debris falling from equipment land on plates;
⑤污垢使电器设备短路而造成火灾。	⑤Dirt items may short-circuit electrical equipment and cause fires.

3.1 岗位卫生，责任落实到人

	**任务 14	管理能力** 掌握岗位卫生分区的划分 岗位清洁表和检查表的制定 **建议学习方法** 阅读、案例、实操

在5S管理中，常清洁是一个最浅显的法则，没有什么深奥的道理可讲，但对于厨房来说，它是5S管理中最重要的方法。

在贯彻常清洁这一法则时，必须注意以下3个原则。

原则1
在分配区域时必须绝对清楚地划清界限，不能留没人负责的区域。 When assigning areas，boundaries must be clearly defined with absolute precision，ensuring that no area is left unassigned or without responsibility.

在厨房里，最好能分配好每个人应该负责清洁的区域，试想一下，突然来个大扫除，是不是觉得工作量很大？但其实你细心算一下，就算是300平方米的大厨房，20多名员工，每个人要清洁的地方，不过是10多平方米。而且由于每个区域都有相应的责任人负责，这样一来，当出现问题时，就能锁定责任人，避免了互相推诿的情况发生。

卫生责任分区的划分，一般分3个步骤来完成。第一步，划分大的部门责任区域。第二步，在部门区域里，细分到个人责任区域。第三步，在每个分区位置张贴责任卡，内容包括责任人的名字和照片、监督人的名字和照片、卫生责任管理内容等。并且将分区平面图张贴在厨房通告栏上，让每个人都知晓，从而做到每个人都有负责的区域和范围，避免责任不清，来回推诿。

西餐厅厨房清洁责任分区（示例）

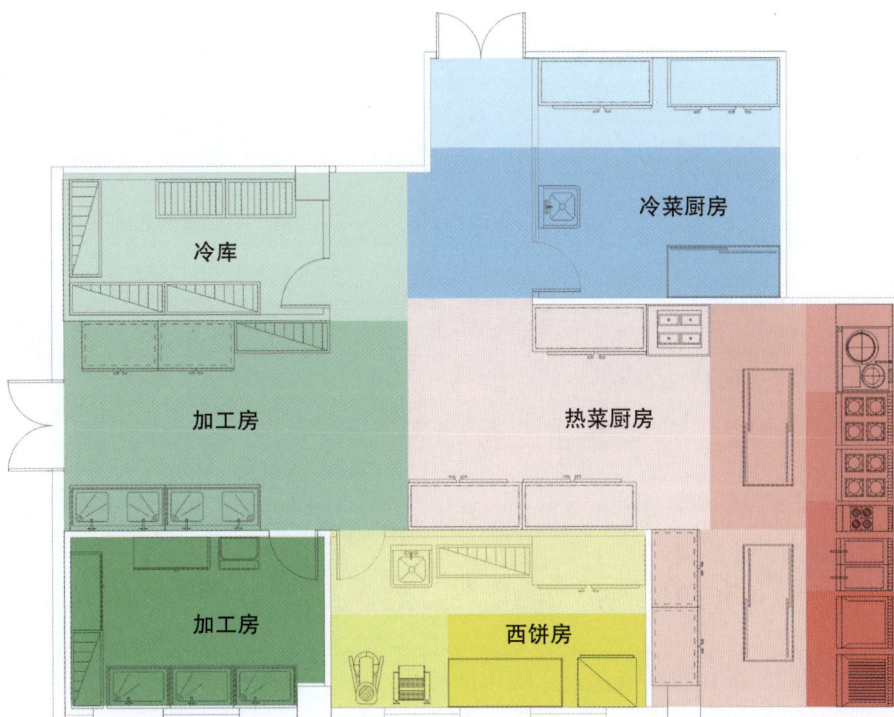

热菜厨房					
序号	图例	责任人	序号	图例	责任人
1			5		
2			6		
3			7		
4					
冷菜厨房					
序号	图例	责任人	序号	图例	责任人
1			2		
西饼房					
序号	图例	责任人	序号	图例	责任人
1			3		
2					
加工房					
序号	图例	责任人	序号	图例	责任人
1			3		
2					

原则2
必须制订详细的卫生计划及标准。 Detailed hygiene plans and standards must be developed.

　　分区明确了，责任明确了，该区域具体能否真正达到清洁，还要你给出相应的清洁标准。有了标准，才能判定是否达到要求。

　　清洁标准：明确的责任区域，清洁方法，清洁重点，清洁程度，以及清洁周期和清洁用具。

　　唯有将清洁标准化与规范化，才能保证清洁质量，也只有这样，才能方便检查，检查时才有据可依。

5S卫生标准：地上无水，器具无尘。

5S management hygiene standard： no water on the ground, no dust on utensils。

	01　热菜厨房卫生清洁计划				
阶段计划	清洁项目	要求	清洁时间	责任人	检查人
日卫生	灶台、操作台	清洁，无油渍、污渍等。	每天	在岗人员	热菜主管
	调料盒	干净整洁，加盖归位。			
	地面	地面无异物、油渍、水渍等。			
	常用设备与工具	常用设备与工具摆放整齐、无污渍。			
	水杯及毛巾存放处	水杯及毛巾存放处应干净、无污渍，归位摆放。			
	食品原材料、半成品	食品成品、半成品要分开存放，避免交叉污染，并贴上生产日期。			
	卫生死角	操作台底、冰箱底和背后卫生死角干净无垃圾。			
周卫生	墙面	干净整洁，无蜘蛛网。	每周一	在岗人员	热菜主管
	下水道	清洁无异味。	每周二	在岗人员	热菜主管
	冰箱及内部保鲜盒	冰箱除霜，清洁干净，归位摆放。	每周三	在岗人员	热菜主管
	水池	干净整洁，无污渍。	每周四	在岗人员	热菜主管

续表

01	热菜厨房卫生清洁计划				
阶段计划	清洁项目	要求	清洁时间	责任人	检查人
周卫生	排烟罩	干净整洁，无油渍。	每周五	在岗人员	热菜主管
	门	干净整洁，无破损。	每周六	在岗人员	热菜主管
	卫生工具	干净整洁，物品归位摆放。	每周日	在岗人员	热菜主管
月卫生	天花板及吊橱	干净整洁，无污渍。	每月15日	在岗人员	热菜主管
季度卫生	鲜风管冷气口	干净整洁，无污渍。	每季度最后一月的25日	在岗人员	热菜主管
	冰箱、保鲜柜和散热器	干净整洁，运转顺畅。		工程部	

02	冷菜厨房卫生清洁计划				
阶段计划	清洁项目	要求	清洁时间	责任人	检查人
日卫生	操作台	清洁，无油渍、污渍。	每天	在岗人员	冷菜主管
	调料盒	干净整洁，加盖归位。			
	地面	地面无异物、油渍、水渍等。			
	常用设备与工具	常用设备与工具摆放整齐、无污渍。			
	水杯及毛巾存放处	水杯及毛巾存放处应干净、无污渍，归位摆放。			
	食品原材料、半成品	食品成品、半成品要分开存放，避免交叉污染，并贴上生产日期。			
	卫生死角	操作台底、冰箱底和背后卫生死角干净无垃圾。			
周卫生	墙面	干净整洁，无蜘蛛网。	每周一	在岗人员	冷菜主管

续表

02 冷菜厨房卫生清洁计划					
阶段计划	清洁项目	要求	清洁时间	责任人	检查人
周卫生	暗沟、地漏	清洁无异味。	每周二	在岗人员	冷菜主管
	冰箱及内部保鲜盒	冰箱除霜，清洁干净，归位摆放。	每周三	在岗人员	冷菜主管
	水池	干净整洁，无污渍。	每周四	在岗人员	冷菜主管
	玻璃	清洁，无油渍。	每周五	在岗人员	冷菜主管
	门	干净整洁，无破损。	每周六	在岗人员	冷菜主管
	卫生工具	干净整洁，物品归位摆放。	每周日	在岗人员	冷菜主管
月卫生	天花板及吊橱	干净整洁，无污渍。	每月15日	在岗人员	冷菜主管
季度卫生	鲜风管冷气口	干净整洁，无污渍。	每季度最后一月的25日	在岗人员	冷菜主管
	冰箱、保鲜柜和散热器	干净整洁，运转顺畅。		工程部	

03 西饼房卫生清洁计划					
阶段计划	清洁项目	要求	清洁时间	责任人	检查人
日卫生	操作台	清洁，无油渍、污渍。	每天	在岗人员	西饼主管
	地面	地面无异物、油渍、水渍等。			
	工具	干净整洁，物品归位。			
	水杯及毛巾存放处	水杯及毛巾存放处应干净、无污渍，归位摆放。			
	食品原材料、半成品	食品成品、半成品要分开存放，避免交叉污染，并贴上生产日期。			

续表

03　西饼房卫生清洁计划					
阶段计划	清洁项目	要求	清洁时间	责任人	检查人
日卫生	卫生死角	操作台底、冰箱底和背后卫生死角干净无垃圾。	每天	在岗人员	西饼主管
周卫生	墙面	干净整洁,无蜘蛛网。	每周一	在岗人员	西饼主管
	暗沟、地漏	清洁无异味。	每周二	在岗人员	西饼主管
	冰箱及内部保鲜盒	冰箱除霜,清洁干净,归位摆放。	每周三	在岗人员	西饼主管
	水池	干净整洁,无污渍。	每周四	在岗人员	西饼主管
	所有电器设备	干净整洁,正常使用。	每周五	在岗人员	西饼主管
	门	干净整洁,无破损。	每周六	在岗人员	西饼主管
	卫生工具	干净整洁,物品归位摆放。	每周日	在岗人员	西饼主管
月卫生	天花板、吊橱等	干净整洁,无污渍。	每月15日	在岗人员	西饼主管
季度卫生	鲜风管冷气口	干净整洁,无污渍。	每季度最后一月的25日	在岗人员	西饼主管
	冰箱、保鲜柜散热器	干净整洁,运转顺畅。		工程部	

饼房卫生标准表（示例）

阶段计划	清洁项目	要求	清洁时间	责任人	检查人
日卫生	操作台	干净整洁。	每天	在岗人员	加工房主管
	刀具、砧板	干净整洁，每日消毒。			
	货架	清洁，无污渍。			
	小推车	清洁，无污渍。			
	地面	地面无垃圾。			
	称重工具	干净整洁。			
	食品原材料	分类存放，避免交叉污染，标注进货日期及保质期。			
周卫生	墙面	干净整洁，无蜘蛛网。	每周一	在岗人员	加工房主管
	门	干净整洁，无破损。	每周二	在岗人员	加工房主管
	水池	干净整洁，无污渍。	每周三	在岗人员	加工房主管
	下水道	清洁无异味。	每周四	在岗人员	加工房主管

04 加工房卫生清洁计划

续表

阶段计划	清洁项目	要求	清洁时间	责任人	检查人
04　加工房卫生清洁计划					
周卫生	冷库	干净整洁，原材料分类，不存在交叉污染，实行先进先出管理。	每周五	在岗人员	加工房主管
	洗菜用菜筐	干净整洁，物品归位摆放。	每周六	在岗人员	加工房主管
	卫生工具	干净整洁，物品归位摆放。	每周日	在岗人员	加工房主管
月卫生	天花板	干净整洁，无污渍。	每月15日	在岗人员	冷菜主管
季度卫生	鲜风管冷气口	干净整洁，无污渍。	每季度最后一月的25日	在岗人员	冷菜主管
	冷库散热器	干净整洁，无污渍。		工程部	

05　餐具消毒标准	
流程	一刮、二洗、三冲、四消毒、五保洁。
安全点	洗刷餐饮具有专用水池，不得与其他水池混用。
消毒方法	
洗碗机消毒	水温控制在80 ℃以上，冲洗消毒40秒以上。
消毒柜消毒	高温，紫外线+臭氧。
蒸汽消毒	温度保持100 ℃，不少于10分钟，保洁沥干。
消毒的检查	
确保餐具表面无油渍、无异味，并且干燥无水分残留。	

06　餐具的储存标准	
1	放在专用保洁柜内备用。
2	已消毒和未消毒的应分开存放，保洁柜上贴上"餐具已消毒"标识，以及存放总表。
3	餐具保洁柜应定期清洗保持洁净，每周用1∶200的消毒抹布擦拭消毒，记录在《用具消毒本》上。

	原则3
	制定和落实严格的检查制度

为了确保餐厅厨房的卫生安全和食品质量达到标准，提高员工健康水平，保护消费者的权益，必须制定检查制度，否则收不到任何效果。

根据卫生清洁计划表内容，每天对岗位卫生进行检查。检查结果得分计算，达到90分及以上为优秀，80~89分为良好，70~79分为合格，低于70分为不合格。

01　热菜厨房卫生检查表													
日检查表													
清洁项目	要求	1	2	3	4	5	6	7	8	9	10	日期	责任人	检查人
灶台、操作台（15分）	清洁，无油渍、污渍。													
调料盒（15分）	干净整洁，加盖归位。													
地面（10分）	地面无异物、油渍、水渍等。													
常用设备与工具（10分）	常用设备与工具摆放整齐、无污渍。													
水杯及毛巾存放处（10分）	水杯及毛巾存放处应干净、无污渍，归位摆放。													
食品原材料、半成品（20分）	食品成品、半成品分开存放避免交叉污染，并贴上生产日期。													
卫生死角（20分）	操作台底、冰箱底和背后卫生死角干净无垃圾。													

续表

01 热菜厨房卫生检查表				
周检查表				
清洁项目	要求	日期	责任人	检查人
墙面（10分）	干净整洁，无蜘蛛网。			
下水道（20分）	清洁无异味。			
冰箱，保鲜盒（20分）	冰箱除霜，清洁干净，归位摆放。			
水池（10分）	干净整洁，无污渍。			
排烟罩（20分）	干净整洁，无油渍。			
门（10分）	干净整洁，无破损。			
卫生工具（10分）	干净整洁，物品归位摆放。			

02 冷菜厨房卫生检查表													
日检查表													
清洁项目	要求	1	2	3	4	5	6	7	8	9	10	日期	责任人 / 检查人
操作台（15分）	清洁，无油渍、污渍。												
调料盒（15分）	干净整洁，加盖归位。												
地面（10分）	地面无异物、油渍、水渍等。												
常用设备与工具（10分）	常用设备与工具摆放整齐、无污渍。												
水杯及毛巾存放处（10分）	水杯及毛巾存放处应干净、无污渍，归位摆放。												

续表

02 冷菜厨房卫生检查表

日检查表

清洁项目	要求	1	2	3	4	5	6	7	8	9	10	日期	责任人	检查人
食品原材料、半成品（20分）	食品成品、半成品分开存放避免交叉污染，并贴上生产日期													
卫生死角（20分）	操作台底、冰箱底和背后卫生死角干净无垃圾													

周检查表

清洁项目	要求	日期	责任人	检查人
墙面（10分）	干净整洁，无蜘蛛网。			
暗沟/地漏（20分）	清洁无异味。			
冰箱，保鲜盒（20分）	冰箱除霜，清洁干净，归位摆放。			
水池（20分）	干净整洁，无污渍。			
玻璃（10分）	干净整洁，无油渍。			
门（10分）	干净整洁，无破损。			
卫生工具（10分）	干净整洁，物品归位摆放。			

03 西饼房卫生检查表

日检查表

清洁项目	要求	1	2	3	4	5	6	7	8	9	10	日期	责任人	检查人
操作台（15分）	清洁，无油渍、污渍。													
地面（15分）	地面无异物、油渍、水渍等。													

续表

03　西饼房卫生检查表														
日检查表														
清洁项目	要求	1	2	3	4	5	6	7	8	9	10	日期	责任人	检查人
工具（15分）	干净整洁，物品归位。													
水杯及毛巾存放处（15分）	水杯及毛巾存放处应干净、无污渍，归位摆放。													
食品原材料、半成品（20分）	食品成品、半成品分开存放避免交叉污染，并贴上生产日期。													
卫生死角（20分）	操作台底、冰箱底和背后卫生死角干净无垃圾。													

周检查表				
清洁项目	要求	日期	责任人	检查人
墙面（10分）	干净整洁，无蜘蛛网。			
暗沟/地漏（20分）	清洁无异味。			
冰箱，保鲜盒（20分）	冰箱除霜，清洁干净，归位摆放。			
水池（20分）	干净整洁，无污渍。			
所有电器设备（10分）	干净整洁，正常使用。			
门（10分）	干净整洁，无破损。			
卫生工具（10分）	干净整洁，物品归位摆放。			

04　加工房卫生检查表														
日检查表														
清洁项目	要求	1	2	3	4	5	6	7	8	9	10	日期	责任人	检查人
操作台 （15分）	干净整洁。													
刀具、砧板 （20分）	干净整洁、每日消毒。													
货架 （15分）	清洁、无污渍。													
小推车 （10分）	清洁、无污渍。													
地面 （10分）	地面无垃圾。													
称重工具 （10分）	干净整洁。													
食品原材料 （20分）	分类存放，避免交叉污染，标注进货日期及保质期。													

周检查表				
清洁项目	要求	日期	责任人	检查人
墙面（10分）	干净整洁，无蜘蛛网。			
门（10分）	干净整洁，无破损。			
水池（20分）	干净整洁，无污渍。			
下水道（20分）	清洁无异味。			
冷库（20分）	干净整洁，原材料分类存放，避免交叉污染，实行先进先出管理。			
洗菜用的菜筐（10分）	干净整洁，物品归位摆放。			
卫生工具（10分）	干净整洁，物品归位摆放。			

3.2 去"角"行动

	任务 15｜管理能力 发现自身岗位的卫生死角 提出整改计划 —————— 建议学习方法 阅读、案例、实操

　　死角位是大扫除的重点清洁对象，也是最容易藏污纳垢的地方，所以在大扫除后，还要想办法，尽量将这些死角位去掉。比如，操作台台底、操作台间的缝隙、下水道等都是最容易藏有垃圾的位置。我们要彻底解决问题，查明污染的源头，研究改善的措施，杜绝污染源，否则每天不停地在搞卫生，而垃圾却不断产生。

去掉工作台的脚，方便清扫，并防止垃圾进入台底。
Removing the legs of the worktop makes it easier to sweep and prevents rubbish from going underneath the table.

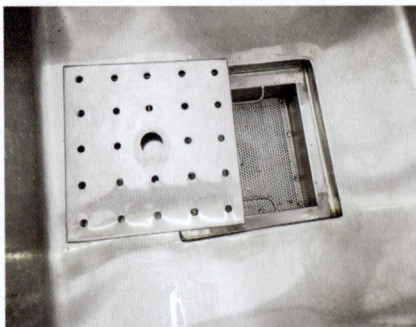

加工台隔渣小工具，防止原材料加工时残渣落入下水道。
Processing table separators to prevent residues from falling into the sewer during processing of raw materials.

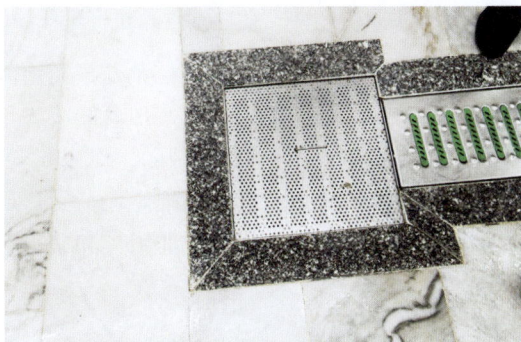

设计沉沙池，并采用暗渠代替传统的暗渠。
Design of sedimentation ponds and use of culverts instead of traditional culverts.

3.3 "拖地"行动

厨房里的地板通常都是用水冲洗，不但要消耗大量的水，冲洗后还积有水渍，而且还经常弄湿自己的鞋子。

我们可以改用拖地的方法，甚至是人手抹地的方法来清洁，一来可以减少用水，二来可以保持地面干爽，不再像个水塘一样。干爽的环境可以抑制霉菌的生长，为食品安全减少了一大隐患。

3.4 边工作，边清洁

在其他厨房里，清洁多是下班才做的，但在我们这里，提倡的是"边工作，边清洁"的理念，务求养成及时清洁的习惯。

这一理念的重要性主要体现在提高工作效率，减少细菌滋生，保持工作环境整洁美观，保障食品安全，以及提升生活质量等方面。

提高工作效率：可以避免工作环境因长时间未清理而积累大量油污和食物残渣，从而减少清洁难度。

减少细菌滋生：厨房是细菌滋生的高风险区域，尤其是厨房的卫生死角，如密封胶条内侧、橱柜角落和空隙等。这些地方容易被忽视，却可能成为细菌、霉菌的滋生地。及时清除这些细菌滋生的温床，可以减少对健康的威胁。

保障食品安全：厨房现场卫生是食品安全的基础。保持厨房环境的清洁可以防止害虫和细菌的滋生，减少食物污染的风险。如及时清洗用具和砧板等，都是防止交叉污染和食物传播疾病的关键措施。

工作中随时保持设备表面干净。
Keep equipment surfaces clean at all times during work.

工作中随手清洁刀具。
Cleaning knives at work.

🍽 3.5 "常清洁"并不只是清洁

	任务 16｜管理能力
	列出工作岗位的设备，并设计检查方案
	——
	建议学习方法
	阅读、案例、实操

工作岗位要做到"常清洁"，不单只搞卫生，每天还要检查设备是否能够正常工作，如出现问题，应立即通知工程部进行维修。

西餐冷菜厨房设备检查表				
序号 Number	设备 Appliances	是否正常运转 Is it working properly?		检查人 Checker
		是Yes	否No	
1	保鲜工作台 Fresh-keeping workbench			
2	沙拉雪柜 Salad Refrigerator			
3	水池 Basin			
4	货架 Shelves			
5	多士炉 Toaster			
	……			
检查日期： 维修联系人：				

西餐热菜厨房设备检查表				
序号 Number	设备 Appliances	是否正常运转 Is it working properly?		检查人 Checker
		是Yes	否No	
1	平头炉 Flat stove			
2	炒炉 Stove			
3	电炸炉 Electric fryer			
4	扒炉 Griddle			
5	面火炉 Salamander broiler			
6	燃气汤炉 Gas soup stove			

续表

西餐热菜厨房设备检查表				
序号 Number	设备 Appliances	是否正常运转 Is it working properly?		检查人 Checker
		是Yes	否No	
7	四门雪柜 Four-door refrigerator			
8	水池 Basin			
9	调料柜 Spice cabinet			
10	运水烟罩 Grease hood			
	……			
检查日期：　　　维修联系人：				

西餐热西饼房设备检查表				
序号 Number	设备 Appliances	是否正常运转 Is it working properly?		检查人 Checker
		是Yes	否No	
1	酥皮机 Pastry machine			
2	电烤炉 Electric oven			
3	和面机 Dough mixer			
4	搅拌机 Food mixer			
5	醒发箱 Fermentation			
6	水池 Basin			
7	四门雪柜 Four-door refrigerator			

续表

序号 Number	设备 Appliances	是否正常运转 Is it working properly?		检查人 Checker
		是Yes	否No	
8	调料柜 Spice Cabinet			
9	运水烟罩 Grease hood			
	……			

西餐热西饼房设备检查表

检查日期：　　　维修联系人：

西餐热加工房设备检查表

序号 Number	设备 Appliances	是否正常运转 Is it working properly?		检查人 Checker
		是Yes	否No	
1	水池 Basin			
2	电子秤 Electronic balance			
3	小推车 Stroller			
4	温度计 Thermometer			
5	湿度计 Hygrometer			
6	冷库 Cold Storage			
7	锯骨机 Sawbones			
8	洗菜机 Vegetable washing machine			
	……			

检查日期：　　　维修联系人：

西餐热洗涤消毒设备检查表				
序号 Number	设备 Appliances	是否正常运转 Is it working properly?		检查人 Checker
		是Yes	否No	
1	洗碗机 Dishwasher			
2	碗碟柜 Cupboard			
3	消毒柜 Disinfection cabinet			
4	高压花洒 High pressure shower			
5	层架 Shelves			
6	小推车 Stroller			
	……			
检查日期： 维修联系人：				

技能考核

1. 绘制卫生分区平面图，并模拟安排责任人。
2. 根据实际情况，提交本岗位的卫生计划表，并制订卫生检查表。

思考与实验

1. 如果你是厨师长，如何规划厨房布局，减少卫生死角？
2. 如何实现你岗位的"边工作，边清洁"？

单元4

西餐厨房的
安全管理

西餐厨房的安全管理包括食品安全和生产安全。学习者通过本单元的学习，能够掌握食品添加剂的使用及保存管理、食物中毒的症状及应急预案，常见食物过敏原的种类，防治交叉污染的方法等食品安全相关措施。同时，也将在本单元学习到常见的厨房生产安全管理办法，减少自身受伤的风险。

4.1 食品安全管理

　　食品安全一直是社会关注的焦点之一，在餐饮行业中更是至关重要。餐饮行业作为与人们日常生活息息相关的行业，其食品安全直接关系到公众的健康和生命安全。因此，保障食品安全在餐饮行业中具有极其重要的意义。

　　食品安全问题一旦出现，不仅会对消费者的身体健康造成危害，还会严重影响消费者对餐饮企业的信任度。一旦消费者对某个餐饮品牌失去信任，将会导致该品牌声誉受损，影响企业的经营状况和市场地位。因此，确保食品安全，不仅是对消费者负责，也是维护企业自身利益的需要。

> 一旦出了食品安全事故，将得不偿失。
> Once a food safety incident occurs, the losses outweigh the gains.

食品安全事故，行政处罚责任到人。
Food safety accidents, administrative penalties fall on the person responsible.

4.1.1　食品添加剂管理

任务 17 | 管理能力
熟悉食品添加剂的日常管理规范
———————
建议学习方法
阅读、案例

　　西餐厅在管理食品添加剂时，应遵循一系列严格的规定和标准，以确保食品安全和合规性。

　　首先，在使用食品添加剂时，必须确保其使用是技术上确有必要，并在达到预期效果的前提下尽可能降低在食品中的使用量。这要求西餐厅遵循《食品安全国家标准 食品添加剂使用标准》（GB 2760—2024）的规定，包括食品添加剂的使用原则、允许使用的品种、使用范围，以及最大使用量和残留量。

　　在采购食品添加剂时，餐厅应采购依法取得资质的供货者生产经营的食品添加剂，并在采购时查验并留存供货者的资质证明复印件。食品添加剂应设专柜（位）储存，标注"食品添加剂"字样，并与食品、食品相关产品等分开存放。使用时应遵循先进、先出、先用的原则，及时清理感官性状异常、超过保质期等情形的食品添加剂。对于有最大使用量规定的食品添加剂，应采用称量等方式定量使用。

　　餐厅在使用食品添加剂时，不应掩盖食品腐败变质，也不应掩盖食品本身或加工过程中的质量缺陷，或以掺杂、掺假、伪造为目的而使用食品添加剂。此外，西餐厅不应采购、储存、使用亚硝酸盐等国家禁止在餐饮业使用的品种。

综上所述，餐厅在管理食品添加剂时，需要严格遵守国家法律法规和标准，确保食品安全，保障消费者的健康权益。

食品添加剂管理（示例）	
①食品添加剂包装上标注"食品添加剂"字样。 ②确保进口食品添加剂带简体中文标签。 ——具有标签（Labels）、说明书（Instructions）、包装（Packages）。 ——具有使用范围（Scope of Use）、用量（Dosage）、使用方法（Method of Use）。 ③开封后原包装标签需要保留，如使用容器盛放需贴上二次保质期标签。 ④确保按包装上标签的使用限量（Dosage Limit）使用。 ⑤保留使用食品添加剂的食品配方。 ⑥使用添加剂的称量器由官方机构每年一次（Once Per Year）对其准确性和有效性进行校准。 ⑦每次使用前归零（Zero before Use），精准称量。 ⑧在APP365中填写《食品添加剂使用记录》，必须记录以下信息： ——食品添加剂名称（Name）。 ——生产日期或批号（Date of Manufacture or Batch Number）。 ——添加的食品品种、添加量、添加时间、操作人员（Food type，adding amount，adding time，operator）。 ⑨酒店使用任意一款食品添加剂之前，需提前告知行政总厨，经批准后方可使用。 ⑩负责人：部门使用者。	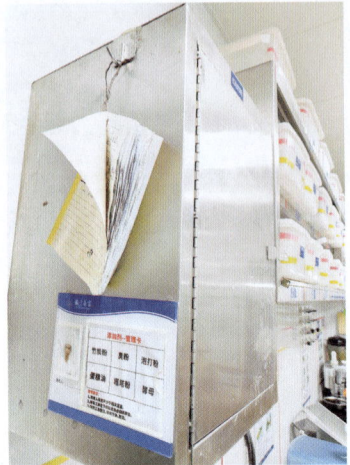

食品添加剂"五专"管理（示例）			
	项目 Item	内容 Detail	备注 Remark
1	专店采购 Specialty Store Purchase	必须到有资质的专卖店采购食品添加剂，索取相应票证备查	查看供应商的《营业执照》《食品流通许可证》 ①应避免同时从多个供应商采购。 ②特殊情况需要在不同供应商采购同一种食品添加剂时，要避免采购同一批次的。 ③在供应商的送货单上注明食品添加剂的批次号及生产日期，便于安全管控。

续表

食品添加剂"五专"管理（示例）			
	项目 Item	内容 Detail	备注 Remark
1	专店采购 Specialty Store Purchase	必须到有资质的专卖店采购食品添加剂，索取相应票证备查	食品添加剂的索证： ①《营业执照》。 ②《生产许可证》。 ③半年内的第三方《检验报告》。 ④同批次的《出厂检验报告》。 ⑤《生产许可证副本明细》，副本明细才是真正证明生产商资质的。
			食品添加剂的索票： ①经销商名称。 ②联系电话。 ③联系人。 ④有公章的出货单，出货单上的信息要详细，便于追溯。
2	专柜存放 Stored in Counters	食品添加剂的存放应有固定的场所（或橱柜）	标明"食品添加剂存放专柜"。
			存放专柜要上锁。
			不能存放其他食品原材料。
			存放位置要固定，不宜经常变更位置，便于大家领取及使用。
3	专人负责 Special Person in Charge	必须由两名以上经过培训的配料人员共同领取、使用、配制	仓库添加剂保管与发放要做到专人负责。
			各产品配料要有配料作业指导书或配方表，作业指导书或配方表上要注明每种原材料及食品添加剂标准投放量。
			配料人员必须清楚每种添加剂的最大使用量是多少，在哪些类别的食品中可用。
			每次配料要做到一人负责配料一人检查核对，避免添加错误。
			在配料时应把食品添加剂与其他原材料分开，方便投料人员检查核对。

续表

	项目 Item	内容 Detail	备注 Remark
			食品添加剂"五专"管理（示例）
4	专用工具 Dedicated Tools	必须使用经过验证的计量器具进行重量计量	称量用的小勺要选用不易生锈的金属勺，金属勺要保证干净干燥，做到专勺专用，不能一勺多用。
			称量器具需定期验证，除每年一次的第三方校正外，企业内部也要定期校正称量器具的准确性。
5	专用台账 Dedicated Ledger	必须使用食品添加剂专用台账且每次使用按照要求逐项登记	食品添加剂进货时也要建立专用台账进行登记，不要与其他原材料记录混在一起。
			食品添加剂出入库管理台账。
			投料记录，投料作为关键控制点之一。
			为更精准地管理食品添加剂，可记录班前班后的添加剂重量，核对实际使用添加剂的量是否准确。

				食品添加剂使用记录台账（示例）			
食品添加剂名称 Item	标签标识是否完好 Is the label in good condition	是否在保质期限内 Is it within the shelf life	使用时间 Time	用途 Usage	用量或比例 Dosage or ratio	备注 Remark	使用人 User

注：
1. 用途：食品添加剂用于加工制作哪些食品。
2. 用量或比例：食品添加剂在食品加工制作时的使用情况。

任务 18 | 管理能力
熟记禁止使用的食品添加剂与常用食品添加剂的使用量

建议学习方法
阅读、案例

序号 Number	品名 Item	作用 Usage
禁止采购使用的食品添加剂（示例）		
1	亚硝酸钠 Sodium nitrite	肉类原材料上色。 Colouring meat ingredients.
2	双氧水 Hydrogen peroxide	肉类原材料漂白、去异味。 Bleaching and deodorisation of meat raw materials.
3	高锰酸钾 Potassium permanganate	肉类原材料去异味。 Deodorisation of meat ingredients.
4	辣椒精、花椒精/膏 Chilli extract，Sichuan pepper paste	增加香辣味。 Increase the spicy and tangy flavor.
5	福尔马林 Formalin	保鲜。 Extend shelf life.
6	粉状\油性色素 Powdered colorant\Oil-soluble colorant	上色。 Add color.
7	食用纯碱 Edible baking soda	增加酥松感。 Enhance crispiness and flakiness.
8	弹力素 Hair elasticizer	增加口感。 Improve the mouthfeel.
9	八号粉 No. 8 powder	增加口感嫩度。 Enhance tenderness.
10	乙基麦芽酚 Ethyl maltol	增加香味。 Enhance aroma.
11	肉宝王 Meat treasure king	增加香味。 Enhance aroma.
12	牛肉香精/膏 Beef flavouring/paste	增加香味。 Enhance aroma.
13	醋精 Vinegar concentrate	增加口感。 Improve the mouthfeel.

续表

禁止采购使用的食品添加剂（示例）		
序号 Number	品名 Item	作用 Usage
14	糖精、甜蜜素 Saccharin，Cyclamate	增加口感。 Improve the mouthfeel.
15	食粉 Baking soda	增加口感嫩度。 Enhance tenderness.
16	骨汤粉膏 Bone broth powder	增加香味。 Enhance aroma.
17	漂白粉 Bleaching powder	去异味、上色。 Eliminate odors and color.
18	油条/面窝精 Fried dough sticks/Noodle essence	增加口感。 Improve the mouthfeel.
19	面包改良剂 Bread improver	增加口感。 Improve the mouthfeel.
20	臭粉 Stinky powder	受热膨胀。 Thermal expansion.

餐厅可使用的食品添加剂规范标准（示例）				
序号	品名	使用菜肴	国家标准	每500 g原材料使用限量
1	泡打粉 Baking powder	蛋糕 Cake	500 g面粉不超过15 g，铝含量不超过50 mg	冬天配4 g 夏天配2～3 g
2	酵母 Yeast	面包 Bread	500 g面粉用量1.5～2.5 g	冬天配4 g 夏天配3 g
3	吉士粉 Custard powder	蛋糕、布丁 Cake，Pudding	500 g原材料不超过30 g	不超过3 g
4	鱼胶粉 Isinglass powder	冷菜、山药 Cold dishes，Yams	500 g原材料不超过11 g	不超过8 g
5	浓缩橙汁/膏 Orange juice concentrate	橙汁 Orange juice	500 g水用量不超过50 g	不超过35 g

餐厅可使用的食品添加剂规范标准（示例）			
序号	品名	使用菜肴	国家标准	每500 g原材料使用限量
6	嫩肉粉 Meat Tenderizer	肉类腌制 Meat marination	500 g原材料不超过8 g	不超过6 g
7	小苏打 Baking soda	肉类腌制 Meat marination	500 g原材料不超过7 g	不超过5 g
		灼菜 Blanched vegetables	500 g原材料1～2 mg	不超过1 mg

4.1.2　易引起食物中毒的细菌

任务 19｜知识能力
熟记食物中毒的菌源

建议学习方法
阅读、记忆

1		细菌性中毒	
1.1	沙门氏菌 Salmonella	症状	恶心、呕吐、腹泻、全身发热。
		源头	生的禽肉体内、蛋壳上的粪便污染。
		潜伏期	12～24小时。
		常见情况	成品容器与生品容器混用。
		预防	防止容器交叉使用和防止用病死的畜禽作原材料。控制繁殖。10 ℃以下低温存放。灭杀病原体。隔夜隔顿彻底回烧，容器消毒。
1.2	大肠杆菌 Escherichia coli	症状	腹泻、全身发热。
		源头	感冒、腹泻、发烧员工进行食品操作。
		潜伏期	8～24小时。
		预防	班前健康申报，禁止有感冒、腹泻、发烧的员工进行食品操作。

续表

1	细菌性中毒		
1.2	副溶血性弧菌 Vibrio parahaemolyticus	症状	腹痛、腹泻、呕吐、发热、发冷及胃痉挛等。
		源头	海水、海鲜、腌鱼肉等。
		潜伏期	2~48小时。
		预防	与刺身类容器分开。 操作过生品海鲜后禁止操作其他冷菜和水果。 2~5 ℃储存，细菌停止生长。 海河鲜等蒸煮加热100 ℃，30分钟。
1.3	金黄色葡萄球菌 Staphylococcus aureus	症状	恶心、剧烈反复呕吐、上腹部剧烈疼痛、腹泻。
		源头	有化脓伤口或患上呼吸道病的员工进行食品操作。
		潜伏期	2~4小时。
		预防	严禁面部、手部有伤化脓者或患呼吸道感染者加工食品。 食品尽量加盖。 合理低温保存，缩短储存时间。
2	食源性中毒		
2.1	痢疾志贺氏菌 Shigella dysenteriae	症状	腹痛、腹泻、排黏液和脓血。
		源头	苍蝇叮咬食物。
		潜伏期	急性、慢性。
		预防	扑灭苍蝇。
3	农药中毒		
3.1	蔬菜农药残留超标 Pesticide residues in vegetables exceed the limit	症状	恶心、呕吐、多汗、腹痛、心率变慢等。
		潜伏期	10分钟至2小时。
		预防	蔬菜浸泡30分钟后流水清洗。

4.1.3　食物中毒紧急预案

任务 20｜知识能力
掌握食物中毒的处理方法及紧急预案

———
建议学习方法
阅读、记忆

食物中毒紧急预案

为保证各门店食物中毒事件得到快速有效的处理，根据国家卫生行政部门《关于公共卫生突发事件处理》相关要求，具体如下：

一、门店食物中毒应急处理小组由前厅经理（组长）、行政总厨（副组长）、前厅助理、各组主管、2个领班组成，全面负责食品安全事故发生后的处理工作。

二、应急处理程序

一旦发生顾客或员工食物中毒的，应急小组人员应立即指挥和实施抢救工作并同时向公司相关部门汇报，且在获知事件发生后2小时内向属地卫生行政部门进行汇报，并做好以下工作：

①在食品加工和供应过程中或用餐时发现食品感官性状可疑或有变质可疑时，经确认后，立即封存该批全部食品。

②立即停止食品的加工和供应。

③组长（前厅经理）负责保护好现场，封存一次剩余可疑食物及原材料、工具、设备，保护好中毒现场和食品留样，防止人为地破坏现场，等候执法部门的处理。

④及时组织人员将患者送医院进行检查诊治，并做好患者的陪护工作；认真做好客人或员工的思想工作，稳定情绪，做好善后处理工作。

⑤积极配合卫生部门的工作，向患者了解食物中毒的过程、食品、中毒人数并预测发展趋势。

⑥协助卫生部门做好监督检查采样工作，按照卫生监督部门的要求如实提供有关材料和样品。

⑦按照事故的严重性和紧急程度分别为Ⅰ级（红色）、Ⅱ级（橙色）、Ⅲ级（黄色）、Ⅳ级（蓝色）。

三、食物中毒等级

①特别重大一次发生食物中毒人数含100人及以上或死亡人数含10人及以上为Ⅰ级（红色）。

②重大一次发生食物中毒人数50～100人或死亡人数在2～10人为Ⅱ级（橙色）。

③较大一次发生食物中毒人数50人以下或死亡人数在2人以下，或重大活动期间一次发生食物中毒人数在含10人及以上或死亡1人及以上为Ⅲ级（黄色）。

④一般一次发生食物中毒人数含30人及以下且无死亡病例为Ⅳ级（蓝色）。

4.1.4　9种食物过敏原

任务 21 ｜ 知识能力
掌握食物过敏原和过敏症状

———

建议学习方法
阅读、记忆

食物是生活中不可或缺的一部分，然而，对一些人来说，食物可能成为健康问题的根源。食物过敏是一种常见但存在潜在危险的问题，如果不加以留意和处理，忽视这些反应可能会导致严重的健康后果，甚至威胁生命。所以作为厨师，熟知食物过敏原及事前了解顾客食物敏感史是十分重要的。

常见的九种食物过敏原

芝麻
Sesame

坚果
Tree Nuts

花生
Peanut

大豆
Soybean

小麦
Wheat

蛋类
Eggs

奶酪
Cheese

甲壳类
Shellfish

鱼类
Fish

食物过敏是很常见的一种症状，那么一起来看看食物过敏症状是什么。

1）胃肠道症状

恶心、呕吐、腹痛、腹胀、腹泻，黏液样或稀水样便，个别人还会出现过敏性胃炎及肠炎、乳糜泻等。

2）皮肤症状

食物过敏的症状，还表现为皮肤充血、湿疹、瘙痒、荨麻疹、血管性水肿等。这些症状最容易出现在面部、颈部、耳部等部位。

3）神经系统症状

神经系统症状如头痛、头昏等，比较严重的，还可能会发生血压急剧下降、意识丧失、呼吸不畅甚至是过敏性休克等症状。根据进食与出现症状，间隔时间的长短，我们又将食物过敏分为速发型食物过敏和迟发型食物过敏。速发型食物过敏通常发生在进食含有过敏原的食物之后2小时内，症状一般较重。迟发型食物过敏一般发生在进食后，数小时或者数天后，症状相对要轻。

4）流眼泪

部分食物过敏的患者还会出现眼睛痒、流眼泪的情况。有近六成的人会有类似像季节交替时，才出现的过敏症状，如眼睛不自觉地发痒、没有打哈欠也泪流不止等。这些都是食物过敏的症状，一旦出现，就应该及时采取治疗措施。

5）鼻塞

部分食物过敏的患者表现出的症状与感冒症状类似，如轻微的鼻塞，鼻塞的情况如果较轻的话，可能让你没有危险感，而如果鼻塞情况严重的话，则会让你认为是感冒。因此在出现鼻塞情况时，一定要仔细分辨，究竟是感冒引起，还是食物过敏所导致，特别是一些经常食物过敏的患者。

4.1.5　防止交叉污染的处理措施

防止交叉污染的方法

	任务 22｜管理能力 掌握厨房动线的单向规划、颜色管理等防止交叉污染的方法，以及食品处理与加工的管控关键点 —— 建议学习方法 阅读、实操

> **一个随时可能致命却经常被忽视的问题：**
> **交叉污染Cross-infection**

菜品不同于农产品，它是直接提供给消费者的；它也不同于包装食品，基本都是手工制作。这样一来，在制作的过程中如果出现对食物的储存不当或是加工的程序不正确等问题，就很容易出现食安风险。而交叉污染，在食安事件中是一个高频词汇，往往是导致食安事件的"罪魁祸首"。

1）什么是交叉污染?

交叉污染是指"食品、从业人员、工具、容器、设备、设施、环境之间生物性或化学性污染物的相互转移、扩散的过程"。

在餐饮服务过程中，按照交叉污染发生的对象，一般可以分为以下三大类：物—物交叉、物—具交叉、物—人交叉。

2）如何避免交叉污染？

（1）厨师要保持手部的清洁

手部是造成交叉污染的主要媒介之一，没有清洁消毒过的手直接接触食材，极易造成交叉污染的现象发生。

必须清洁手部的时间点 Time points when hands must be cleaned	
	接触食品、餐具、器皿及开始工作之前。 Before touching food, tableware, utensils and starting work.
	处理不同类型食物（动物、植物性食品）后。 After handling different types of food（animal and plant-based foods）.
	接触不洁物品或使用卫生间后。 After touching unclean items or using the toilet.
	接触食品、工用具之外的其他物品。 After touching items other than food and work utensils.
	咳嗽、打喷嚏或擤鼻涕。 Coughing, sneezing or blowing one's nose.

七步洗手法
Seven-step handwashing method

（2）食品储存四隔离

加工用具、容器要明显区分，实施色标、分类、定位管理，做到生熟食品分开存放，防止交叉污染。

（3）颜色管理

为防止生熟交叉，5S管理提倡在厨房运用颜色管理，达到一目了然的效果。

以某酒店为例，颜色管理如下。

刀具和砧板颜色管理 The color-coding management of cutting board and knife		
生肉 Raw Meat		红色 Red
沙拉，蔬菜和水果（已消毒后或削皮）Salads，Vegetables and Fruits（Washed，Sanitized or Peeled）		绿色 Green
生的海鲜和鱼类 Raw Seafood		蓝色 Blue
生家禽 Raw Poultry		黄色 Yellow
熟肉制品 Cooked Meat		褐色 Brown
其他即食食品（黑色、白色）包括寿司和刺身 Other Ready-to-Eat Foods，including Sushi and Sashimi		黑色Black 白色White

毛巾颜色管理 The color-coding managerment of towels			
分色管理			
1	白色毛巾 White towel	适用于擦拭餐具器皿，在使用前需进行充分清洗并在消毒液中浸泡消毒后方使用。	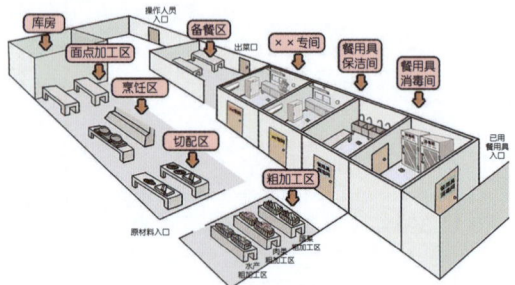
2	蓝色毛巾 Blue towel	用于擦拭桌面和灶具表面。	
3	红色毛巾 Red towel	用于擦拭食品接触面，如刀具、砧板等。	
管理规定			
①厨房毛巾必须按照规定的颜色分类使用，不得混用。 ②厨房毛巾使用完毕后，必须及时清洗并晾干，保持干燥。 ③厨房毛巾不得私自带出厨房，不得作为其他用途。 ④厨房毛巾定期更换，避免长时间使用导致细菌滋生。 ⑤厨房毛巾使用中如发现有异味或污渍，应及时更换或清洗。 ⑥厨房毛巾使用过程中如发现有破损或变形，应立即更换。			
监督检查			
①各组主管负责对本组毛巾的分色使用情况进行监督检查，发现问题及时纠正。 ②毛巾使用人员应自觉遵守规定，如发现他人违规使用厨房毛巾，应及时提醒并报告主管。 ③定期对厨房毛巾进行清洗和消毒，确保卫生安全。			

（4）厨房动线布局

厨房的布局，应按生进熟出的单一流向设计。
The single-flow design should have raw materials entering and cooked products exiting.

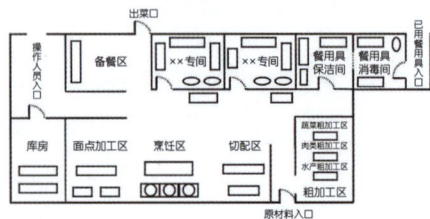

（5）三口分立

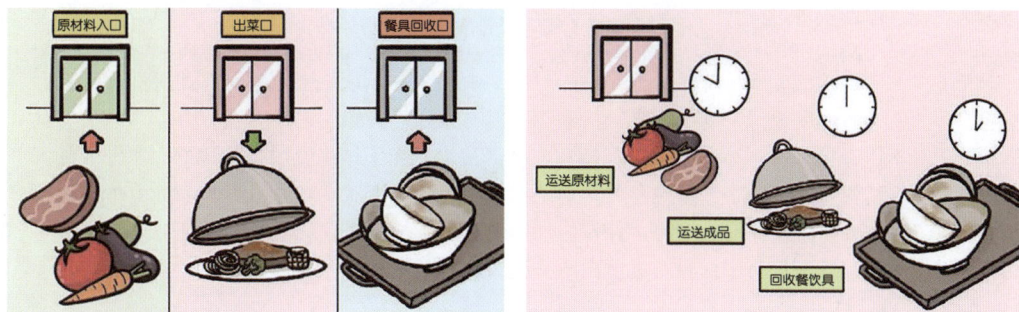

原材料通道及入口

成品通道及出口

使用后的餐具回收通道及入口

必须分开设置

无法分设时

应在不同时段分别运送

或者

使用无污染的方式覆盖运送成品

图片来源：国家市场监管总局《餐饮服务食品安全操作规范宣传册》

（6）水池分设

加工房的水池数量或容量应与加工食品的数量相适应，各类水池应以明显标识标明其用途。分设"洗菜池""洗肉池""洗鱼池"/"洗水产品池"，并有明显标志，按标志分开使用。还有非食品加工用的"清洁工具洗水池""食品工用具消毒水池"。材质应使用不锈钢材质。

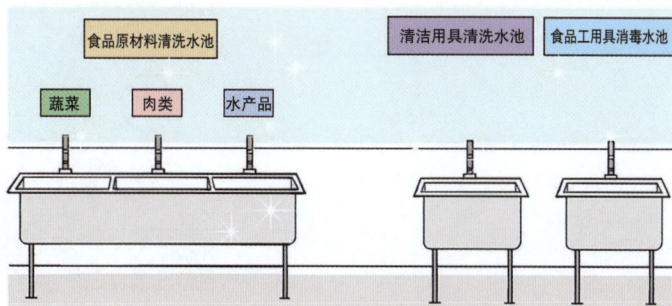

图片来源：国家市场监管总局《餐饮服务食品安全操作规范宣传册》

西餐厅加工房管理制度（示例）

①分设肉类、水产类、蔬菜、原材料加工洗涤区或池，并要有明显标志。食品原材料的加工和存放要在相应场所进行，不得混放和交叉使用。

②加工肉类、水产类、蔬菜的操作台、用具和容器要分开使用，并要有明显标志。盛装海产品的容器要专用。

③各种食品原材料不得就地堆放。清洗加工食品原材料必须先检查质量，发现腐烂变质、有毒有害或其他感官性状异常的，不得加工。

④蔬菜类食品原材料要按"一择二洗三切"的顺序操作，彻底浸泡清洗干净，做到无泥沙、无杂草、无烂叶。

续表

西餐厅加工房管理制度（示例）
⑤肉类、水产品类食品原材料的加工要在专用加工洗涤区或洗涤池进行。肉类清洗后无血、毛、污，鱼类清洗后无鳞、鳃、内脏，活禽宰杀放血完全，去净羽毛、内脏。 ⑥做到刀不锈、板不霉、整齐有序，保持室内清洁卫生。加工结束及时拖清地面，水池、加工台工具、用具容器清洗干净，定位存放；切菜机、绞肉机等机械设备用后拆开清洗干净。 ⑦及时清除垃圾，垃圾桶每日清洗，保持内外清洁卫生。 ⑧不得在加工、清洗食品原材料的水池内清洗拖布。

（7）食品加工过程的管控

冷冻（藏）食品出库后，应及时加工制作。 After frozen（refrigerated）foods are taken out of the warehouse，they should be processed and prepared in a timely manner.	
解冻时合理防护，避免受到污染。 Take reasonable precautions during thawing to avoid contamination.	
应缩短解冻后的食品原材料在常温下的存放时间。 The storage time of thawed food raw materials at room temperature should be shortened.	

图片来源：国家市场监管总局《餐饮服务食品安全操作规范宣传册》

（8）食品加工禁止事项

接触食品的容器和工具不得直接放在地面上或者接触污染源。 Containers and tools that come into contact with food shall not be placed directly on the ground or in contact with pollution sources.	

续表

食品处理区不得从事污染食品的活动。 No activities that may contaminate food shall be carried out in the food handling area.	
不得在辅助区（如卫生间、更衣区）内加工制作食品或清洗消毒餐饮具。 Food shall not be processed and prepared or tableware for catering shall not be cleaned and disinfected in the auxiliary areas （such as toilets and changing areas）.	
不使用回收食品。 Do not use recycled food.	
不使用超量添加剂。 Do not use excessive additives.	
不使用国家禁止的添加剂。 Do not use additives prohibited by the state.	
不得添加中药（除既是食品又是中药材的原材料外）。 No Chinese herbal medicines shall be added （except for the raw materials that are both food and traditional Chinese medicinal materials）.	

图片来源：国家市场监管总局《餐饮服务食品安全操作规范宣传册》

4.1.6　食品安全检查表

检查项目 Inspection items	检查内容 Inspection contents	检查结果 Inspection results
收料与检疫 Receiving and quarantine	①食品是否有害虫的风险。	
	②食品是否被化学品污染。	
	③包装是否干净、完整。	
	④是否在保质期内并符合法律的规定。	
	⑤收料后是否马上送到储存处。	
	⑥运输食品的车辆等工具是否干净，食品温度是否正确。	
	⑦是否对肉、禽类食品进行动物检疫复核。	
储存控制 Storage control	①是否有保质期。	
	②现场是否有库存管理程序。	
	③储存温度是否准确。	
	④是否有防虫控制措施。	
	⑤在储存处是否有化学和物理污染食品的可能性。	
	⑥食品包装是否干净合适。	
	⑦是否有足够的设施安排食品的储存。	
烹饪管理 Cooking management	①烹饪时间是否足够并按程序进行。	
	②烹饪温度是否正确且按程序进行。	
	③烹饪方法是否适合食用。	
	④烹饪后是否有交叉污染。	

检查项目 Inspection items	检查内容 Inspection contents	检查结果 Inspection results
烹饪管理 Cooking management	⑤烹饪结束时加入的原辅料是否有污染的可能性。	
	⑥烹饪是否按正确的时间计划，以避免烹饪后放置时间过长再服务（上菜）。	
	⑦使用的设备装置是否合适、完好。	
	⑧冷藏和冷却程序是否安全。	
	⑨食品再次加热时的温度是否足够。	
个人卫生控制 Personal hygiene control	①员工是否具备基本的食品安全和卫生知识。	
	②员工是否有不卫生的举止（如吸烟等）。	
	③员工是否遵循洗手的规定。	
	④洗手和干手装置是否足够。	
	⑤是否有足够的急救物品（包括药箱、绷带等）。	
	⑥员工是否穿戴合适的卫生的工作服、帽子、手套等。	
	⑦是否对设备、装置进行颜色编码及正确使用。	
	⑧是否戴手套，是否按规定换手套。	
	⑨员工是否在患病或感染后仍在岗位上工作。	
	⑩员工是否知道患某些疾病和感染必须向上级领导报告。	
食品包装管理 Food packaging management	①用于包装食品的材料是否安全。	
	②包装时，温度是否始终安全。	
	③是否卫生地储存有关材料。	
	④食品标签是否正确，包括有关储存条件。	
虫害控制 Pest control	①现场是否有虫害控制程序。	
	②员工是否知道发现害虫问题后必须马上报告上级领导。	
	③在操作场所是否有虫害监控措施。	

4.1.7 食品留样管理

①食品留样冷藏设备为专用设备，严禁存放与留样食品无关的物品。

②应将留样食品按照品种分别盛放于清洗消毒后的专用密闭容器内，在专用冷藏设备中0～8 ℃冷藏存放48小时以上，严禁存放与留样食品无关的物品。每个品种的留样量应能满足检验需要，且不少于125 g。

③在盛放留样食品的容器上应贴好食品标签，标注留样食品名称、餐次、留样时间（月、日、时）、留样人等信息，或者标注与留样记录相对应的标识。

④食品留样应由专人管理，专门记录留样情况，包括留样食品名称、留样时间（月、日、时）、留样量、留样人员、处理时间等。

⑤一旦发生食物中毒或疑似食物中毒事故，应及时提供留样样品，配合监管部门进行调查处理，不得随意处置留样食品。

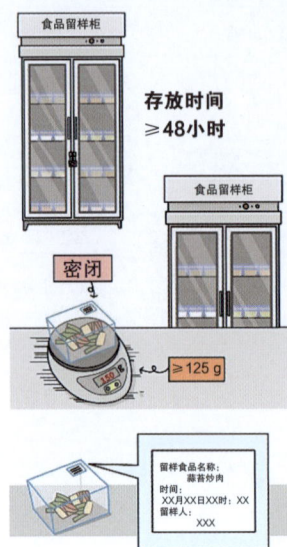

食品留样柜

存放时间
≥48小时

食品留样柜

密闭

≥125 g

留样食品名称：
藤菽炒肉
时间：
XX月XX日XX时：XX
留样人：
XXX

食品留样柜

XXXXXXXXXXX

		食品留样记录表格							
序号	留样食品名称	留样时间(X月X日X时X分)	留样量(g)	保存条件	留样保存至(X月X日X时X分)	订餐单位	送餐时间	留样人	
XX	XXXXX	XXXXXXXX	XX	XXXX	XXXXXXXX	XXX	XXX	XX	
XX	XXX	XXXXXXXX	XX	XXXX	XXXXXXXX	XXXX	XXX	XXX	

图片来源：国家市场监管总局《餐饮服务食品安全操作规范宣传册》

留样过程中不容忽视的细节 Details that cannot be ignored in the process of sample retention		
1	留样餐具不消毒。 The sample-retaining tableware is not sterilized.	
2	留样盒未做标识。 The sample box is not labeled.	

续表

	留样过程中不容忽视的细节 Details that cannot be ignored in the process of sample retention
3	留样不符合要求。 Retained sample does not meet the requirements.
4	高温食品未充分冷却进行留样。 High-temperature food is not fully cooled for sample retention.
5	留样人员欠缺食品安全意识。 Sample retainers lack awareness of food safety.

酒店留样管理实例

FSQM Daily Standup | 食安

政策10：食品留样（16分大项目）

- 留样样品：包括已烹饪的高风险食物或即食食品。
  （肉，鱼，贝类，鸡肉，米饭，鸡蛋，色拉，汤，高汤和肉汁）。
- 留样对象：自助餐，员工餐，超过100人的宴会用餐，重大活动供餐。宴会用餐的客人自带食品。
- 留样容器：干净的/新的（无菌）袋/容器
- 留样质量：大于或等于125 g
- 留样标签：食品名称，制作人，留样人员，留样时间（月、日、时间），48小时

- 留样储存：≤5 ℃指定保存样品的冷藏冰箱/冷库内隔离区域
- 留样记录：记录在FS365留样记录里。
- 留样温度：如果取样时是热的，使用冷却机或冰水浴迅速冷却降至21 ℃（不可室温冷却），无须冷却记录。

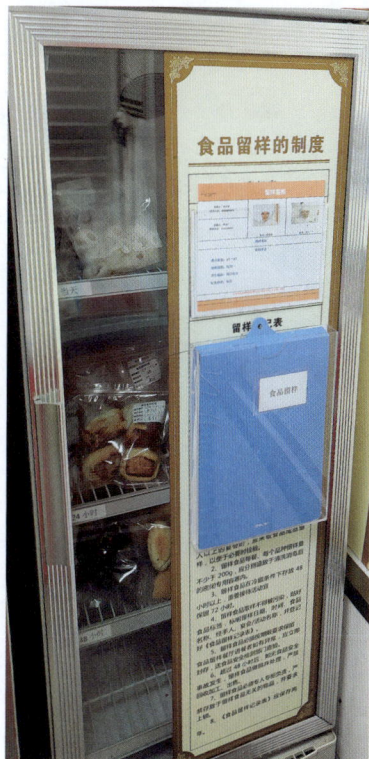

4.1.8　四害预防

	**任务 23	知识能力** 掌握四害防治的工具及其正确使用 ——— 建议学习方法 阅读、实操

厨房作为一个与食品直接相关的领域，卫生和安全是至关重要的。然而，四害——老鼠、蟑螂、蚊子和苍蝇的存在往往对环境的卫生和食品安全构成了严重威胁。这些害虫不仅能传播疾病，还能对食物造成污染，给厨房环境带来巨大的卫生隐患。因此，定期除四害是厨房必须重视的工作。

灭"四害"要有专门记录，以便掌握消杀状况，决定下次消杀时间和消杀项目。

1　遵循物理防治优先
尽量使用物理方法，蟑螂用开水烫，老鼠用粘鼠胶，蚊虫用灭蝇灯（灯下面一定要有容器格隔，每天清理）。 Try to use physical methods as much as possible. Pour boiling water on cockroaches to kill them, use mouse glue traps for rats, and use fly-killing lamps for mosquitoes and flies（there must be a container under the lamp to separate things, and it should be cleaned every day）.

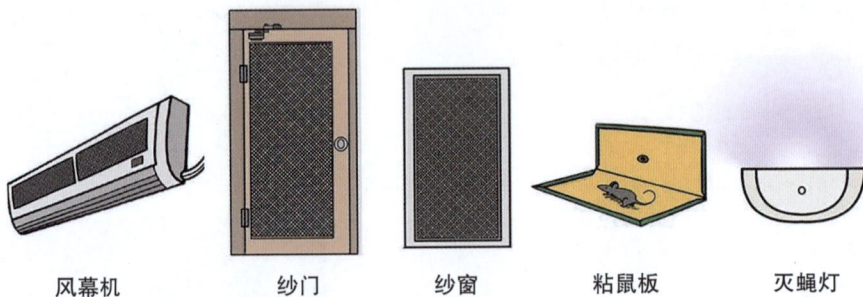

| 风幕机 | 纱门 | 纱窗 | 粘鼠板 | 灭蝇灯 |

图片来源：国家市场监管总局《餐饮服务食品安全操作规范宣传册》

2　灭蝇灯的正确使用

灭蝇灯不得悬挂在食品加工制作或储存区域的上方。
Fly-killing lamps shall not be hung above the areas where food is processed, prepared or stored.

图片来源：国家市场监管总局《餐饮服务食品安全操作规范宣传册》

3　紫外线灯的正确使用	
	每餐（或每次）使用专间前，应对专间空气进行消毒。消毒方法应遵循消毒设施使用说明书要求。使用紫外线消毒的，应在无人加工制作时开启紫外线灯30分钟以上并做好记录。 If ultraviolet disinfection is used, the ultraviolet lamp should be turned on for more than 30 minutes when no one is processing and preparing food, and records should be properly kept.

图片来源：国家市场监管总局《餐饮服务食品安全操作规范宣传册》

4　防鼠工具的正确使用	
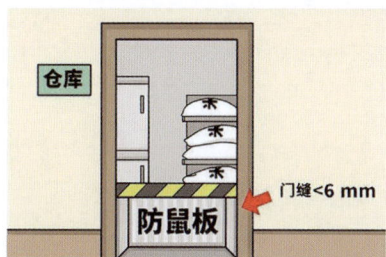	人员、货物进出通道应设防鼠板。 门缝小于6 mm。 Rodent-proof boards should be installed at the passages for the entry and exit of personnel and goods. The gap under the door should be less than 6 mm.
	应使用粘鼠板、捕鼠笼、机械式捕鼠器，不得使用杀鼠剂。 Glue boards for rats, rat traps and mechanical rat catchers should be used, and rodenticides should not be used.
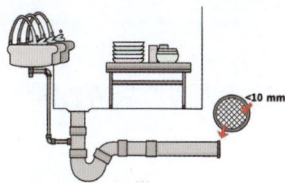	排水管道出水口安装的算子缝隙间距或网眼应小于10 mm。 The gap spacing or mesh size of the grate installed at the outlet of the drainage pipe should be less than 10 mm.
	发现有害生物，应尽快将其杀灭，并查找和消除其来源途径。 When pests are found, they should be killed as soon as possible, and the sources and transmission routes should be located and eliminated.

图片来源：国家市场监管总局《餐饮服务食品安全操作规范宣传册》

5　处理四害前要注意	
①	停止继续生产食物。 Stop producing food.
②	全部食物都需要用容器封好。 All food should be sealed in containers.
③	限制员工走动。 Restrict movement of employees.
④	灭鼠前地面不能有水。 No water on the ground before deratization.

6　恢复生产前食品的处理	
①	检查食物容器是否完整。 Check food containers for completeness.
②	清洁和恢复食物加工器具。 Clean and restore food processing equipment.
③	记录曾经进行消杀的区域。 Record the area where the kill was performed.
④	进行彻底检查，作进一步确认。 Conduct a thorough examination for further confirmation.

4.1.9　健康检查记录

任务 24｜管理能力
掌握"每日健康检查"的内容，并通过网上资料查询熟知相关的法律法规

建议学习方法
阅读、实操

　　员工每年进行一次健康检查，需持有效健康证，必要时接受临时检查。建立从业人员的《健康管理台账》，并由行政总厨统一管理，每月定期检查健康证的有效期，督促员工进行健康检查，办理健康证并及时更新健康证管理信息。

法规要求：

《餐饮服务食品安全操作规范》规定，餐饮服务提供者应建立每日晨检制度。有发热、腹泻、皮肤伤口或感染、咽部炎症等有碍食品安全病症的人员，应立即离开工作岗位，待查明原因并将有碍食品安全的病症治愈后，方可重新上岗。

手部有伤口的从业人员，
佩戴一次性手套后，
可从事非接触直接入口食品的工作。

图片来源：国家市场监管总局《餐饮服务食品安全操作规范宣传册》

违法事项的处理	
（1）未取得健康证明。 （2）患有妨碍食品安全疾病的人员从事接触直接入口食品的工作。	根据《中华人民共和国食品安全法》第一百二十六条的规定处理如下： （1）责令改正，给予警告； （2）拒不改正的，处五千元以上五万元以下罚款； （3）情节严重的，责令停产停业，直至吊销许可证。

从业人员晨检记录表									

日期	姓名	体温	上呼吸道症状	腹泻	皮肤伤口破溃感染	其他症状	卫生情况	检查人员	补救措施

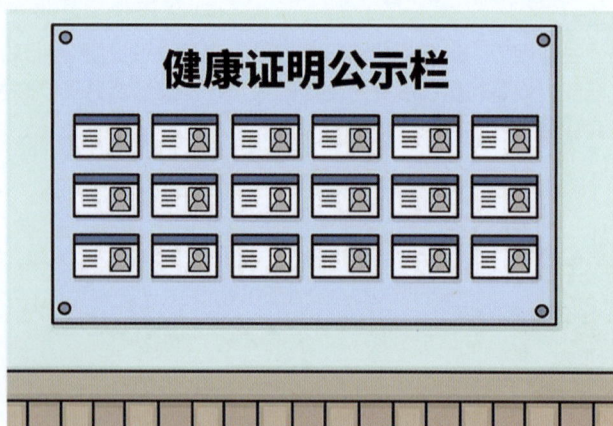

图片来源：国家市场监管总局《餐饮服务食品安全操作规范宣传册》

《广东省食品药品监督管理局关于食品从业人员健康检查的管理办法》中规定，从事直接接触入口食品工作的从业人员在工作时应当随身携带有效《健康证明》。

4.1.10　明厨亮灶

任务 25 | 管理能力
结合网上案例熟知实施明厨亮灶中的关键点
———————
建议学习方法
阅读、实操

明厨亮灶在西餐厨房管理中具有显著的重要性，主要体现在以下3个方面。

1）提升食品安全与卫生标准

明厨亮灶的实施使得厨房操作过程透明化，有利于监督和管理，确保食材的新鲜、烹饪的规范以及餐具的清洁，从而为消费者提供安全、卫生的用餐环境。

2）增强消费者信任度

通过明厨亮灶，消费者可以直观地看到西餐的制作过程，了解食材的来源和烹饪方法，从而增强对餐厅的信任度。这种透明度有助于建立餐厅与消费者之间的信任关系，提升餐厅的品牌形象和口碑。

3）促进餐厅内部管理优化

明厨亮灶要求餐厅在厨房布局、设备配置、操作流程等方面进行优化，以提高工作效率和食品安全水平。同时，餐厅员工在明厨亮灶的环境下，也会更加注重自身的操作规范和卫生习惯，从而推动餐厅内部管理的整体提升。

综上所述，西餐厅应积极实施明厨亮灶，为消费者提供更安全、更优质的用餐体验。

以下是一些常见的西餐厅明厨亮灶实施方法。

采用开放式厨房设计

厨房与餐厅之间采用透明玻璃隔断，使得消费者能够清晰地看到厨师们的操作过程。此外，餐厅还设置了专门的观察区域，配备了舒适的座位，让消费者能够坐下来慢慢品味西餐的同时，欣赏厨师们的精湛技艺。

高清摄像头监控

在厨房的关键区域安装高清摄像头，将实时画面传输到餐厅的显示屏或顾客的移动设备上，使顾客能够随时随地查看厨房的工作状态。

4.2 生产安全管理

厨房安全是餐饮正常经营的保证

厨房生产制作需要安全的工作环境和条件，厨房里具有多种加热源和锋利的工具，这些方面构成众多的不安全因素和隐患。要使厨房员工放手、放心工作，厨房在设计时就应充分考虑安全因素，如地面的选材、烟罩的防火、蒸汽的控制和及时抽排等。

日常的厨房管理、员工的劳动保护都应以安全为基本前提，否则厨房事故频发、设备性能不稳定，厨房正常的工作秩序、良好的出品质量都将受到影响。

4.2.1 个人及食品安全保护工具

餐厨人员在工作中需要使用一些个人安全保护工具来保护自身的安全和健康。个人安全保护工具，是指员工在工作现场需要配备和使用的各种有效的劳动防护工具。下面将介绍一些餐厨人员常用的劳动防护用品及其作用。

部分个人保护工具		
使用点/存放点 Point of use/storage	工具 Tools	图例 Example
厨房区域 Kitchen area	厨师帽 Chef's hat 保护头发不掉入食物中，避免污染食品。 Protect hair from falling into food and contaminating it.	
部分个人保护工具		
厨房区域 Kitchen area	口罩 Mask 防止口水、呼吸道分泌物和细菌等污染食品。 To prevent food from being contaminated by saliva, respiratory secretions and bacteria.	

部分个人保护工具		
饼房烘炉 Pastry Oven	高温手套 Heat-proof gloves 防止烫伤。 Prevent burns.	
加工房 Butchery	钢丝手套 Steel wire gloves 防滑，防刀割。 Antiskid, cut-resistant.	
易取放、易管理的 存放点 Easily accessible and manageable storage point	急救箱 Medicine box	

急救箱都是用来应急的，应放在最方便管理的地方。药箱要定期检查，查看药品是否过期，品种是否齐全，过期的需要及时更换，不全的需立即补充。

实例——急救箱包含的药品及用具		
序号 Number	主要药品 Main drugs	作用 Effects
1	创可贴 Band-Aid	用于普通小伤口。 Used for ordinary small wounds.
2	医用脱脂纱布 Medical Degreasing Gauze	包扎伤口。 Bandaging wounds.
3	医用胶带 Medical Tape	包扎创口的固定。 Fixing bandaged wounds.
4	医用棉球 Medical Cotton Balls	消毒及伤口清理。 Disinfection and wound cleaning.

续表

实例——急救箱包含的药品及用具		
序号 Number	主要药品 Main drugs	作用 Effects
5	医用棉签 Medical Cotton Swabs	伤口清理或涂药膏、药液。 Wound cleaning or applying ointment or liquid medicine.
6	甲紫溶液 Methyl Violet Solution	防止烫伤、烧伤等伤口的感染。 Preventing infection of scalds and burns.
7	汞溴红溶液 Mercurochrome Solution	防止伤口的感染和消毒。 Preventing infection and disinfection of wounds.
8	烧伤膏 Burn Cream	用于烧伤、烫伤、灼伤的清热、解毒、止痛。 Used for clearing heat, detoxification and pain relief of burns and scalds.
9	云南白药 Yunnan Baiyao	伤口止血。 Stop bleeding from wounds.
10	双氧水 Hydrogen Peroxide	擦洗消毒。 Scrub and disinfect.
11	头孢 Cephalosporins	防止感染。 Prevent infection.
12	诺氟沙星 Norfloxacin	急性腹部疼痛。 Acute abdominal pain.
13	清凉油 Cooling Oil	提神、清热解毒。 Refreshing, clearing heat and detoxification.
14	风油精 Fengyou Essence	清凉止痛。 Cooling and pain relief.

4.2.2 设备操作指引及安全警示牌

工作指引的拍摄与设计

任务 26 | 知识能力
掌握"工作指引"及"设备操作指引"的设计

———
建议学习方法
阅读、实操

为了全面保障食品安全与每一位厨师的个人安全，正确且高效地使用厨房设备成为不可或缺的关键环节。

为此，我们应当在厨房设备的显眼位置及其周边区域精心设置详尽的操作指引和安全警示标语。这些指引应当采用清晰明了的语言，结合图文并茂的形式，详细阐述每台设备的正确使用方法。同时，对于潜在的危险源，如高温表面、电气设备等，设置醒目的安全警示标志，以直观的方式提醒操作者时刻保持警惕，避免发生意外。

工作标准程序示例

绿叶菜清洗程序

01 去黄叶及烂叶　02 冲洗根部泥土及杂物　03 放入洗菜池清洗　04 沥干存放到指定菜框

根茎菜清洗程序

01 去除叶子，摘掉根茎　02 用刮刀去皮　03 放入洗菜池清洗　04 沥干存放到指定菜框

肉类清洗加工程序

01 去毛　02 浸泡　03 清洗　04 切块　05 滤水

杀鱼标准程序

01 去鳞　02 去腮　03 开口　04 去肠　05 冲洗　06 完成

杀蟹标准程序

01 剪断绳子　02 开盖　03 去腮　04 去除腹盖　05 冲洗　06 完成

5S　1S-常组织　2S-常整顿　3S-常清洁　4S-常规范　5S-常自律

设备操作指引示例

电烤箱标准操作程序

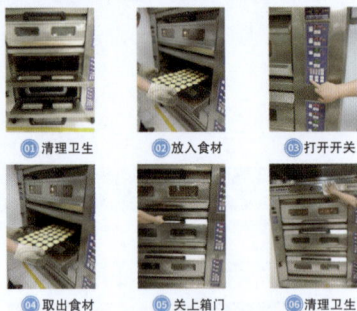

01 清理卫生　02 放入食材　03 打开开关
04 取出食材　05 关上箱门　06 清理卫生

注意事项
1. 箱顶和炉门的温度比较高，严禁用手碰触，避免烫伤。
2. 食材放入烤箱前，必须先预热烤箱，并设置好烘烤温度。
3. 为确保食品烘烤均匀，可在中途把烤盘调转方向，再继续烘烤。
4. 每次使用完毕待冷却后，需要擦抹干净。
5. 箱内保持清洁状态。

注意安全　小心烫伤

1S-常组织　2S-常整顿　3S-常清洁　4S-常规范　5S-常自律

搅拌机标准操作程序1

01 清理卫生　02 调节间距　03 放入食材　04 打开开关
05 关闭开关　06 取出食材　07 清理卫生　08 放好配件

注意事项
1. 开机前，先检查设备安全装置是否正常；
2. 设备工作时，严禁将手伸到防护网内；
3. 设备在转动过程中出现异常时，必须关闭电源，再进行检查；
4. 清理和面机搅拌棒前，必须关闭电源，避免触电；
5. 严禁在控制面板上用水冲洗，保持机器清洁无灰尘。

注意安全　小心夹伤

1S-常组织　2S-常整顿　3S-常清洁　4S-常规范　5S-常自律

搅拌机标准操作程序2

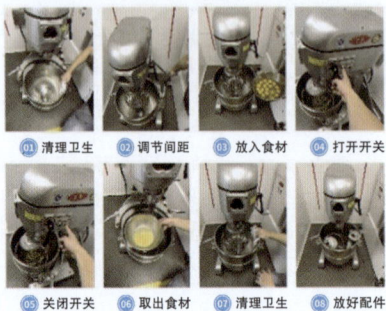

01 清理卫生　02 调节间距　03 放入食材　04 打开开关
05 关闭开关　06 取出食材　07 清理卫生　08 放好配件

注意事项
1. 使用前，先将搅拌机清洗干净，放入需要搅拌的食材；
2. 使用时，为确保食材搅拌均匀，取止反两个方向使用；
3. 使用时，如不慎掉入蛋壳，须关闭电源后再行处理，避免触电；
4. 升降的位置不能调得过高；
5. 每次使用完毕后，必须先关闭电源，再进行清理。

注意安全　小心夹伤

1S-常组织　2S-常整顿　3S-常清洁　4S-常规范　5S-常自律

电炸炉操作标准程序

01 检查电源　02 调节温度　03 绿灯熄灭后烹炸
04 炸至金黄　05 捞起控油　06 清洁卫生

注意事项
1. 使用前检查电炸炉的线连接是否完好；
2. 接通电源前，必须注入油，严禁将加热管干烧；
3. 保持油锅内的油面高度大于1/4，不能大于2/3油锅深度；
4. 电炸炉如发现异常，必须马上切断电源，并及时上报；
5. 清理电炸炉时，不得用水碰到控制开关头，避免因电炸炉控制开关进水造成设备的漏电、短路发生危险。

注意安全　小心烫伤

1S-常组织　2S-常整顿　3S-常清洁　4S-常规范　5S-常自律

4.2.3　厨房岗位应急处置卡

任务 27 | 技能能力
掌握厨房安全事故的基本应对方法
———
建议学习方法
阅读、案例、实操

岗位名称 Position	厨房作业岗位 Kitchen work positions
风险提示 Risk Warning	主要包括：火灾爆炸、灼烫、触电、中毒、其他伤害 Fire explosion，burns，electric shock，poisoning，other injuries
事件类型及处置措施	
火灾爆炸 Fire explosion	①发现火情，就近选取消防器材灭火。 ②如果火势太大，拨打119，等待消防员到来。 ③发生爆炸事故，立即撤离现场并大声示警，通知附近人员撤离，及时报警。
烫伤 Burns	迅速移离现场，脱去污染衣着，立即用大量清水冲洗，并及时就医。
触电 Electric Shock	①迅速切断电源或用绝缘物体挑开电线或带电物体，使伤者尽快脱离电源。 ②将触电者移至安全地带。 ③若触电者失去知觉，但呼吸还在，应使其平卧，解开衣领，以利呼吸；若触电者呼吸、脉搏停止，必须实施人工呼吸或胸外心脏挤压法抢救。 ④向上级报告，并拨打（120）急救电话，送医院救治。

续表

事件类型及处置措施	
中毒 Poisoning	根据情况，拨打（120）急救电话及时将伤员转送医院，并保护好现场等待调查处理。
割伤 Cuts	①立即停止工作。 ②进行现场包扎止血。 ③伤情严重的，需送至医院做进一步治疗。
常见伤害 基础处理措施 Common Injuries Basic Treatment Measures	①轻微损伤：立即用消毒剂清洗伤口周围，但要小心勿触及伤口，如无消毒药水，可以用清水洗涤伤口，并用消毒纱布遮盖伤口。提醒伤者，若伤口发生红肿或刺痛时，应立即就医。 ②眼睛受伤：外物入眼或眼睛被碰伤，需用纱布将眼睛轻轻盖着并送伤者到医院。 ③流血：若伤口没有异物，用消毒纱布包扎伤口，并用手紧压该处；若伤口有异物，在伤口旁施压，取出异物并放上敷垫来遮盖伤口包扎，提高并支撑受伤部位；如严重出血，应立刻送医院。 ④骨折：稳定支持受伤部位，不要轻易移动伤者，用木棍和绳索进行固定，用护垫保护伤者，拨打急救电话（120）或将伤者送往医院。 ⑤休克：使伤者平躺着，保持呼吸道通畅，尽量提高并支撑他/她的足踝，松开伤者的衣领及皮带，切勿给伤者食物、饮料等，不要随便移动伤者，立刻拨打急救电话（120）或马上送往就近的医院。 ⑥处理昏迷的伤者：评估伤者反应，轻摇肩膀，大声且清楚地向伤者发问，观察反应程度，发现伤者无反应，如鼻咽有异物应清除伤者鼻咽部位分泌物或异物，保持呼吸道通畅，立刻拨打急救电话（120）或马上送往就近的医院。
注意事项 Precautions	使用救援器材： 进入火场救援时必须穿戴空气呼吸器（检查气压是否充足）及消防服、灭火需站在上风向。 自救互救： 发生火灾时切勿慌张，正确判断火势大小，如有危险应及时撤离，并报警及报告安全人员。 防止次生事故： 油锅着火，不能用水直接扑救；火灾扑灭后需继续观察，防止回燃。

应急联系方式				
内部	餐厅负责人	行政总厨	应急中心	区域主管
外部	报警电话	火警电话	急救电话	当地政府应急办	当地安监部门
	110	119	120		

实例——酒店西餐厨房消防"三懂""四会"	
懂自身岗位火灾危害性； 懂预防火灾的措施； 懂扑救火灾的方法。	会打"119"报警； 会使用灭火器扑救初起火灾； 会组织人员安全疏散； 会开展日常消防安全培训。

4.2.4　烫伤急救的五字诀

步骤 Steps	处理 Treatment
冲 Flushing	烫伤发生后，应立即用冷水冲15~30分钟，切记不可用冰水，用冰水对皮肤及患处的刺激过大。
脱 Undressing	主要是脱掉烫伤处的戒指、手表、皮带及衣物，不然会加重患部的热伤害，温度不易散去。但切记要用冷水冲洗。
泡 Soak	一旦发生烫伤，不能及时用冷水冲，那么用冷水泡10~30分钟也是可以的，同样能起到加速降温、止痛的作用。
盖 Cover	做好应急处理后，去往医院的路上要用干净的纱布将患处盖住，千万不能用毛巾。
送 Hospitalisation	送往医院，要注意，若发生烧烫伤，先到就近的诊所做些紧急处理后再送往大医院就诊。

续表

实例—— 烫伤处理操作指引	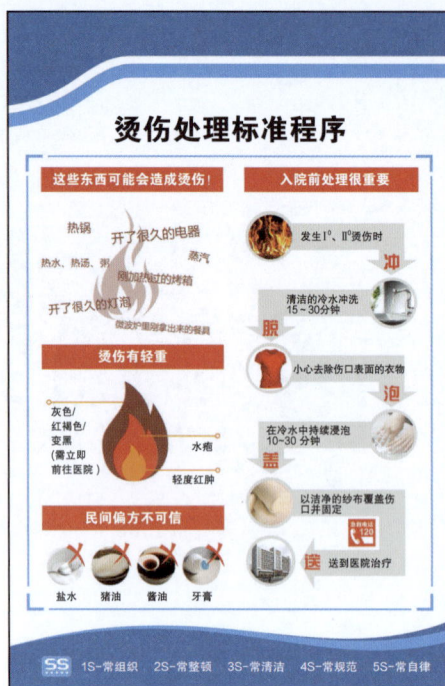

4.2.5　油锅起火正确的处理方法

步骤	处理
保持冷静 Stay calm	首先保持冷静，不要惊慌失措。不要用水来扑灭油锅火，因为油和水相遇会迅速产生蒸气，可能导致火势扩大。
切断燃气 Cut off the gas	如果是用煤气或天然气的炉灶，应立即关闭煤气阀门，切断燃气供应。这有助于避免火势蔓延。
使用消防毯 Use a fire blanket	迅速拿起消防毯，将其完全盖在起火的油锅上。消防毯可以隔绝氧气，迅速扑灭火焰。确保将毯子完全包裹住锅，不要留出任何空隙。
使用灭火器 Use fire extinguishers	将灭火剂喷射在起火的油锅上。在使用灭火器时，要注意站在风向背面，避免火焰等烟雾吹向自己。
关闭通风口 Close the vents	关闭厨房中的通风口，避免火势吸氧增大。
拨打紧急电话 Dial the emergency number	如果火势无法控制或者扑灭，应立即拨打火警电话或紧急救援电话，向专业人士求助。

实例—— 油锅起火操作指引	

4.2.6　消防器材的使用（防火设备、逃生指引及记录）

餐饮企业是一个与"火"极其密切的行业，只要稍有不慎，便会"火烧连营"，灭火设备是否能正常运作，是遏制火势的关键所在。为此，要定期进行巡查及记录。

实例——消防设备周期检查表		
检查内容 Inspection content	检查周期 Inspection cycle	目的及作用 Purpose and function
喷淋系统进行试验 Sprinkler system test	每月 Monthly	保证不堵、不漏。 Ensure no blockage or leakage.
室外消防栓进行试验 Outdoor fire hydrant progress test	每月 Monthly	进行防腐处理。 Perform anti-corrosion treatment.
消防系统上的阀门 Valves on fire protection system	每月 Monthly	防止生锈导致开不了。 Prevent rust which causes inability to open.
灭火器、灭火毯 Fire extinguishers, fire blankets	每天 Daily	确保未过期、无损坏。 Ensure no expiration or damage.
消防通道 Fire escape	每天 Daily	顺畅，无阻塞。 Smooth and unblocked.

4.2.7　定期开展防火演练

防火是一项必须全员参与的行动，必须让每一名员工都接受专业培训，了解灭火器的基本原理、使用方法，以及若出现紧急情况的正确处理方法。唯有如此，意外才不会发生，即便发生，也能将损失降至最低。

其重要性在于提高厨房员工的消防安全意识、熟悉火灾逃生路线和方法、增强应急反应能力、熟悉消防设施和器材的使用，以及检验应急预案的有效性。

提高消防安全意识：消防演练的首要目的在于增强人们的消防安全意识，通过模拟真实的火灾场景，使人们认识到火灾不是遥不可及的事情，而是时刻潜伏在我们身边的潜在威胁，从而在日常生活中更加注意火灾的预防。

熟悉逃生路线和方法：定期进行消防演练有助于人们熟悉火灾逃生路线和方法，确保在真实火灾发生时能够迅速、有序地疏散，减少人员伤亡和财产损失。

增强应急反应能力：当火灾真正发生时，时间就是生命。因此，提高应急反应能力至关重要。消防演练通过模拟火灾发生时的各种情况，让参与者在接近真实的环境中学习如何迅速有效地应对火灾。

熟悉消防设施和器材的使用：在火灾扑救过程中，消防设施和器材起着至关重要的作用。消防演练提供了一个宝贵的机会，让参与者能够亲手操作灭火器、消防栓等消防器材，了解它们的工作原理和使用方法。

检验应急预案的有效性：每间餐厅都会制定自己的火灾应急预案，但这些预案是否真正有效、是否能够在火灾发生时发挥作用呢？消防演练正是检验这些问题的有效途径。通过模拟火灾发生时的各种情况，我们可以观察应急预案的执行情况，发现其中存在的问题和不足，并及时进行修正和完善。

技能考核

1. 写出食品添加剂"五专"管理的内容。
2. 写出可用食品添加剂的使用量标准。
3. 写出九种过敏原。
4. 写出食物过敏的症状。
5. 写出烫伤处理的步骤。
6. 写出油锅起火的处理步骤。

思考与实验

1. 你认为除个人卫生情况外，是否还要每天进行体温检测？
2. 通过网上资料查询，还有哪些添加剂不可使用，以及哪些原材料不能用于食品加工？

单元5

原材料的日常管理

本单元全面而深入地介绍了原材料的验收及储存标准。众所周知，餐厅虽按质按量采购原材料，但不能保证供货单位能按质按量为餐厅提供原材料。所以，验收管理不仅关系到厨房生产成品的质量，而且还对成本的控制产生直接影响。因此，作为一名合格的厨师，必须掌握原材料的验收标准及方法。

5.1　原材料的验收

食品原材料的质量直接关系到菜品的质量和安全。如果没有进行有效的原材料验收，就会增加食品安全风险。通过认真地验收原材料，能够尽可能地减少食品污染、食品中毒等食品安全问题，从而提升食品的质量和安全。

为了更好、更便捷地让验收人员、供应商直观地进行原材料验收，建议就采购的原材料制定一套验收标准，并运用5S管理中的"常规范——目视管理"，拍摄采购原材料的标准图，张贴在工作现场。

酒店原材料验收标准目视管理——示例

干调料展示图

调味品验货标准

验收标准操作程序

检查验货

过　秤

仔细核对重量是否一致

正确入库出单

5S　1S-常组织　2S-常整顿　3S-常清洁　4S-常规范　5S-常自律

验收区工作标准		
1	收货时间 Receiving Time	07：30—08：30
2	收货人 Receiver	各组主管、仓管员
3	收货工具 Receiving Tool	秤、菜筐、剪刀
4	供应商电话 Supplier Phone Number	蔬菜：　　　　　　肉类：　　　　　家禽： 菌制品：　　　　　海鲜：　　　　　冻品： 调料：
5	收货流程 Receiving Process	①由收货人员按申购单对原材料进行清点。 ②检查原材料是否新鲜，是否有异味，是否过期，不合格的原材料进行退换处理。 ③将合格的原材料分发到各岗位。 ④各岗位根据菜品要求将原材料放入指定位置存放。
6	红线管理 Red Line Management	①不能缺斤少两。 ②不可接受贿赂。 ③菜品的新鲜度要合格。 ④三无产品，过期产品不接受。 ⑤不能以公报私。 ⑥不能以次充好。
7	验收标准 Acceptance Criteria	普通菜品收货标准： ①斤两要够，超出10%的要退回供应商，如未到10%要及时与供应商联系处理。 ②菜品新鲜度要合格。 ③必须去皮，去筐，去死皮，去腐烂。 ④冰鲜食材必须及时加冰保鲜处理。 ⑤拍照上传。 ⑥验货单由收货人签字确认。 海鲜类收货标准： ①筐上秤去皮。 ②水和鱼一起称重，记录。 ③鱼放入鱼缸。 ④再称水的质量，记录。 ⑤计算：鱼的质量＝水和鱼第一次称重质量－水第二次称重质量。

5.1.1　食材验收工作要点

	任务 28 | 管理能力 **掌握各类食材验收标准** ———— 建议学习方法 查询网络资料、分析	

验收工作要点		
序号 Number	分类 Classification	要点 Key points
1	蔬菜类 Vegetable	新鲜程度：蔬菜应颜色鲜艳、质地饱满，无腐烂、无异味； 外观质量：蔬菜的外观应无明显破损、虫害、病害、腐烂等； 农残检测：蔬菜应符合国家农残检测标准，无超标农残； 微生物检测：蔬菜应符合国家食品安全标准，无致病菌、病原菌等。
2	鲜肉/海产类 Fresh Meat/Seafood	检查外观，确保没有异味、变色、腐败等情况； 检查包装和标签，确保包装完好无损，标签上标明了品名、产地、生产日期、保质期等信息； 验收人员应使用温度计对新鲜肉、海产类进行温度检测，确保其在适宜的温度范围内； 确保其微生物、重金属等指标符合国家标准。
3	冰鲜肉/腌腊/蛋品 Chilled Meat/ Preserved Meat/Eggs	检查外观，确保没有异味、变色、腐败等情况； 检查包装和标签，确保包装完好无损，标签上标明了品名、产地、生产日期、保质期等信息； 验收人员应检查冰鲜肉、腌腊、蛋品的包装是否完好，冰鲜肉的温度是否在 −18 ℃以下，蛋品的温度是否在 0 ℃以下； 确保其微生物、农残、重金属等指标符合国家标准。
4	米面/干调 Grain/Dry Condiments	检查外观，确保没有异味、变色、腐败等情况； 检查包装和标签，确保包装完好无损，标签上标明了品名、产地、生产日期、保质期等信息； 验收人员应使用温度计对粮油米面、干调进行温度检测，确保其在适宜的温度范围内； 确保其微生物、重金属等指标符合国家标准。

5.1.2　酒店部分蔬菜的验收标准

蔬菜验收标准		
序号 Number	食材 Ingredients	标准 Standard
1	胡萝卜 Carrot	头尾粗细均匀，色红而坚脆，外皮完整光洁，并具充足水分者。 The thickness of the head and tail is uniform, the color is red and brittle, the skin is complete and smooth, and has sufficient moisture.
2	土豆 Potato	表皮洁净完整，色微土黄，水分充足无芽眼。 The epidermis is clean and complete, the color is slightly yellow, and the water is sufficient without sprouting.
3	南瓜 Pumpkin	颜色金黄色或橙红色，瓜形周正，肉金黄、紧密、粉甜，表面硬实。 The color is golden or orange-red, the melon shape is round, the flesh is golden, compact, pink sweet, and the surface is firm.
4	菠菜 Spinach	叶片呈深绿色、肥厚滑嫩，茎部粗大硬挺，基部肥满而呈红色者。 The leaves are dark green, thick and tender, the stem is thick and stiff, and the base is full and red.
5	番茄 Tomato	颜色大红、粉红或黄色，光泽亮艳，个大圆整，饱满有弹性，肉厚籽少，甜中带酸； 无腐烂、压伤、过软、过硬、斑点畸形、开裂等。 Bright red, pink or yellow color, bright luster, a large round, full and elastic, thick meat less seeds, sweet with sour taste; No rot, crush, too soft, hard, spot deformity, cracking and so on.
6	西芹 Celery	叶茎宽厚，颜色深绿，新鲜肥嫩，爽口无渣； 无黄叶、梗伤、水锈、腐烂、断裂枯萎、虫害等。 The leaf stem is wide and thick, dark green in color, fresh and tender, refreshing and without slag; No yellow leaves, stem injury, rust, rot, breakage, blight, insect infestationetal et al.

续表

蔬菜验收标准		
序号 Number	食材 Ingredients	标准 Standard
7	西兰花 Broccoli	菜株亮丽，花蕾紧密结实，新鲜、无虫、色绿，根不能过长，无开花，整体有隆起感，手拿有沉重感为佳。 The plant is bright, the buds are tight and firm, fresh, insect-free, green in color, the root can not be too long, no flowering, the whole has a sense of uplift, and the hand has a heavy feeling.
8	包心菜 Cabbage	外层翠绿，里层纯白，叶片明亮滑嫩而硬挺，包里较宽松。 The outer layer is green, the inner layer is pure white, the leaves are bright, soft and stiff, and the bag is loose.

5.1.3　酒店肉类品质验收表

肉类验收标准		
序号 Number	食材 Ingredients	标准 Standard
1	猪肉 Pork	猪肉有光泽，红色均匀，脂肪乳白，纤维清晰，有韧性，外表湿润。 Shiny muscles, uniform red, fat milky white, clear fibers, toughness and moist appearance. 不粘手，指压后凹陷立即恢复。 Non-sticky hand, depression immediately recovered after acupressure. 具有鲜猪肉特有的气味，无异味。 With the unique smell of fresh pork, no odor.
2	牛扒 Fillet steak	肉红色均匀、有光泽、脂肪白色或微黄、肌肉外表微干或有风干膜、外表湿润但不粘手、肌肉结构紧密有坚实感、肌纤维韧性强。 Meat red uniform, shiny, ester anti-white or yellowish, the muscle appearance is slightly dry or have air dry film, or the appearance is wet but not sticky, the muscle structure is tight and solid, and the muscle fiber toughness is strong.

续表

肉类验收标准		
序号 Number	食材 Ingredients	标准 Standard
3	羊排 Lamb chop	肉色鲜艳、有光泽、脂肪白色，外表微干或有风干膜，外表湿润但不粘手、肉结构紧密、有坚实感、肌纤维韧性强。 The muscle color is bright, shiny, fat white, the appearance is slightly dry or has an air-dried film or the appearance is wet, but does not stick to the hand, the machine meat structure is tight, there is a solid sense, and the muscle fiber toughness is strong.
4	冰鲜鸡 Chilled chicken	肚内无内脏，眼球饱满、皮肤有光泽、外表微干或微湿润、不粘手，压后的凹陷立即恢复，具有鲜鸡肉正常气味，无打水症状，无破皮。 There is no internal organs in the stomach, full eyes, shiny skin, the appearance is slightly dry or slightly wet, non-sticky concave immediately recovered after hand pressure, with the normal smell of fresh chicken, no symptoms of water, no broken skin.
5	鸡翅 Chicken wing	无残羽，无黄衣、无伤斑和溃烂，无血水，允许有少数红斑点。允许修剪但最大范围不超过转弯关节处，全翅200 g左右，翅中100 g左右，按部位分割。 No residual feathers, no yellow clothing, no wound and ulceration, no blood, allow a few red spots. Pruning is allowed but the maximum range does not exceed the turning joint, about 200 g of the whole wing, about 100 g of the middle wing, divided according to the part.
6	鸡腿 Chicken leg	无残羽，无血水、血污，无残骨，无伤斑，无溃烂炎症，允许有少量红斑，无多余皮和脂肪。按部位分割，全腿300 g左右，大腿15 g左右，周边修整齐，形如琵琶。 No residual feathers, no blood water, blood stains, no residual bone, no wound spots, ulcerative inflammation, allowed a small amount of erythema, no excess skin and fat. Divided according to the parts, the whole leg is about 300 g, the thigh is about 15 g, and it is trimmed neatly all over, shaped like a pipa.

续表

肉类验收标准		
序号 Number	食材 Ingredients	标准 Standard
7	鸡胸 Chicken breast	无残羽，无血水、血污，无残骨、伤斑、溃烂、炎症，允许有少量红斑，无多余脂肪且呈白色带有玫瑰色或红色，大胸质量大于120 g，无小胸夹杂。 No residual feathers, no blood water, blood stains, no residual bone, wound spots, ulcers, inflammation, allow a small amount of erythema, no excess fat white with rose or red, large chest weight greater than 120 g, no small chest inclusions.
8	冰鲜虾 Chilled shrimp	有固有的颜色，不发白或红；头胸甲与躯干连接紧密，无断头现象；虾身清洁无污物。 Having an inherent color, not white or red; The cuticle is closely connected to the trunk, and there is no decapitation; Shrimp body is clean and free of dirt.
9	生蚝 Oyster	无臭味，表面清洁完整，无寄生物，外观完美，有光泽。 Odorless, clean and complete surface, no parasites, perfect appearance, shiny.

5.1.4 酒店面粉类品质标准

面粉类验收标准		
序号 Number	食材 Ingredients	标准 Standard
1	外包装袋 Outer packing bag	有注册商标、SC标识、检查合格证、生产日期、保质期。 Registered trademarks, SC logo, inspection certificate, production date, shelf life.
2	面粉 Flour	色泽正常、干爽、无异味。 Normal color, dry, no odor.

5.2 原材料的"零库存"

任务 29	管理能力
掌握"零库存"的实现办法
——
建议学习方法
案例、分析

对于厨师来说，明确所用物料的每日使用量非常重要。将所有食材原材料、酱料进行量化管理，是一个严谨的工作原则，因为西餐厅利润的一部分，就来自对原材料使用量方面的科学管理。

> 5S管理提倡通过"最高存量和最低存量"控制——
> 实现"零库存"，减少原材料积压。
> 5S management advocates achieving "zero inventory" through "maximum and minimum inventory" control to reduce the backlog of raw materials.

进行5S管理后，我们必须对所有原材料的数量和质量，有一个新的认知。积极调查所用物品的使用频率，悉心确定物品的日常使用量。并且每个岗位的厨师，都有责任根据原材料的预计使用量，设定最高存货量，与最低存货量。当原材料达到了最低存量，就要申购，以保证菜品的正常供应。

1）存量不超过2天

现场所用物料最高限量，不得超过2天的用量，这样能够大大减少由于一时找不到物品，而重复采购的成本浪费，减少物资积压，增加流动资金，提高资金周转率。

2）收市前预订

每个档口在收市前，都要根据物料的实际消耗，以及下一时段菜品的预订情况，及时预估出物料使用的大致数值，尤其是生鲜物料，最好精确到具体的斤两，从而满足"零库存"的目标，日货日清、保持新鲜。

3）每日申购

根据实际用量需求，按照要求实施日申购流程，既可以有效避免因申购过多造成原材料积压，又可以防止所需物料因申购不及时造成的短缺现象。

5.3　仓库的"常整顿"与"常规范"

	任务 30｜技能能力
	掌握仓库物品的标准摆放方法
	包括"名家"标签、颜色管理
	先进先出原则
	————
	建议学习方法
	案例、实操、分析

5.3.1　"常整顿"之"名家"管理

"名家"管理，即各种物品存放的位置叫"家"。步骤就是先将物品如同超市货架管理一般进行分类，如干货、酱料、粮油、文具、日用品……，分成食材区、酱料区、文具区、清洁用具区等。

再根据物品使用频率，在自己的分区内确定存放的货架位置。

然后用红色的电工胶带或专用的胶带划线，当作每一个"家"的"墙壁"。

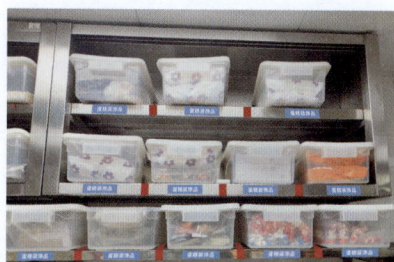

接着给每一个"家"编上一个号，就像菜鸟驿站收件后发给你的取件码一样。例如，"JL3-3-2"，通过这个码，你在酱料区3号架第3层2号位就可以找到你的物品。相信你在30秒内便能取放物品。

最后就是在"家"的前面贴上一个"物品名"标签，以显示该物品的"名字"、"最高最低存量"、保质期等信息，方便进行日常管理。

原材料的
日常管理

5.3.2 "常整顿"之先进先出管理

食材和酱料的时效性最"娇气",以先进先出来应对保质期,是减少浪费和避免产生过期产品的好方法。

1) 标明日期

采购回来的食材、酱料,要依生产/出厂日期先后顺序存储摆放,摆放在料架上时,需要重新标识物品的上架日期,作为物料先进先出的控制依据。

图片来源:国家市场监管总局《餐饮服务食品安全操作规范宣传册》

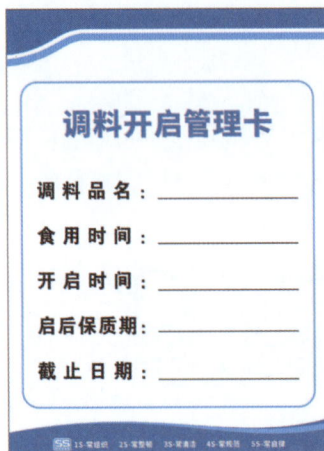

2) 顺序摆放

每类物品都是一列,需从前面开始使用,将陆续补充进来的物品放在后面。切勿乱放。码放标准要统一,标签上要明确先进先出的方向。

3) 开封先用

对开了封的酱料,要加贴使用标识,写明开封时间、限期使用时间、保存方式等。

5.3.3 "常规范"之看板管理

经过上面的"定位"工作后,在仓库的入口处,我们张贴出一份存放总表(也可以是物品存放的平面图),使来取放物品的人员一看便能看出物品的所在。

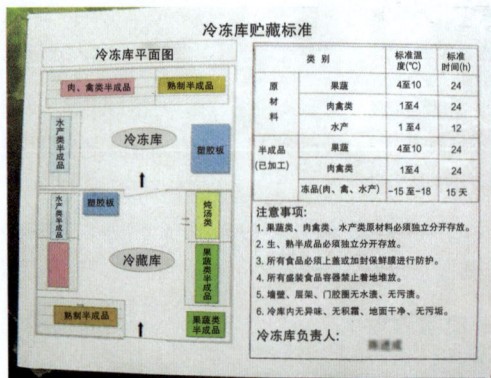

5.3.4　"常规范"之颜色管理

有的餐厅，对于冰鲜、保鲜柜原材料的存放，采用了"颜色管理"，如绿色是一天前进货的，红色是三天前进货的，也有餐厅采用"一周色标管理"。通过每天更换不同颜色的标牌，来确保原材料先进先出的落实，确保菜品的质量。

一周色标管理模板

原材料一周色标管理示例

5.3.5　冷库的管控

任务 31 | 知识能力
熟知冷库的储存条件；实践冷库的码放操作；
了解原材料的储存操作
————
建议学习方法
案例、实操

管控办法	
①结霜不能超过1 cm，除霜时须先将食品移入另一个冷冻库，再进行彻底除霜、清洗。 ②设冷冻（藏）库，并具有明显标识。 ③冷冻（藏）库宜设外显式温度计。 ④冷藏库：0~10 ℃。 ⑤冷冻库：-20~0 ℃。 ⑥外设温度显示器。 ⑦每天上午9：00检查并记录冰箱温度，超出正常温度较大时立即报修。	
原材料冷藏的规定 Regulations on refrigerating raw materials	①经过加工处理的食品应置于盛器内；盛器必须干净，并加盖或用保鲜纸包好，同时须做好生熟分开，成品、半成品分开，肉、海产品分开等。 ②熟食品冷却后放置于经过消毒的容器内加盖或用保鲜纸包好保存，存放于熟食品冰柜中。 ③冷藏库温须调节到下列标准。 果蔬 5~8 ℃　蛋、奶制品 0 ℃ 禽类 1~2 ℃　鱼 -1~1 ℃
原材料冷冻的规定 Regulations on freezing raw materials	①冻藏库的开启需有计划，所需物品一次拿出，以减少冷气流失和温度变动。 ②按照先储存先提取的原则交替存货。
	冷库原材料的码放 Stacking of raw materials in the cold storage ①码放时货箱横平向上码放，便于查看标签。 ②不要将不同的食品包装箱混合码放。 ③蒸发器周围码放的货箱，在各个方向上都应与蒸发器留出30 cm的距离。码放在蒸发器前面的货物，必须低于蒸发器或热交换器30 cm。 ④码放包装箱时，应至少高于地面15 cm。 ⑤码好的每栋箱子与冷冻库墙壁之间应留出5 cm的距离。 ⑥码好的每栋箱子距离冷冻库天花板不少于30 cm。 ⑦码好的每栋箱子之间要留出不少于 2.5 cm的空间。

5.3.6 加工房原辅料（未洗）的储存

①验收合格的原材料应拆去外包装（如纸板或塑料袋）集中存放于未洗菜架上，用无标识的菜筐定位存放，菜叶等残渣及时清除。

②定型包装的原材料拆至最小包装存放，检查产品标识信息是否齐全。

③需整箱储存的原材料按产品分类，离地15 cm、离墙5 cm，按品种分类堆放，要有红色限高线和定位标识。

④未洗的原材料一律存放于加工房，不得进入加工环节。

⑤需冷冻储存的海鲜、肉类应储存于−1～−20 ℃的冰箱内。

⑥净蔬菜应储存于净菜间内，温度控制在0～4 ℃最为适宜，当天未烹调完的应装入保鲜盒或保鲜袋扎口放入冷藏冰箱储存。

5.3.7 已洗生品、半成品、成品的常温储存

常温储存	
生品 Raw	分类分色管理。
	上架存放应分类，离地15 cm、离墙5 cm。
	冰箱内的保鲜盒有品名标识、生产日期和保质期。
半成品 Semi-Finished	半成品需使用加盖保鲜盒进行存放，有品名、生产日期、保质期标识。
成品 Cooked	菜肴温度在70 ℃左右，在温度低于55 ℃前应予以使用完。
	冷菜成品必须加贴自制标签，冷菜成品储存于0～7 ℃的冰箱内，出售后最好2小时内食用完毕。

5.3.8 建立供应商台账

任务 32 | 管理能力
熟知采购原材料索证的内容及操作

建议学习方法
案例、实操、分析

《中华人民共和国食品安全法》明确要求餐饮单位建立食品安全管理制度，进货时要查验许可证和相关证明文件，按规定建立并遵守进货查验记录、销售记录制度，同时按要求进行保存。通过建立台账、健全食品原材料溯源制度，我们可以防止不合格食品流入餐饮环节，从源头保证食品安全。同时，提醒广大餐饮业主，如果不按规定建立台账，监管部门可以依法责令改正，给予警告；拒不改正的，处五千元以上五万元以下罚款；情节严重的，责令停产停业，直至吊销许可证。

供应商索证台账											
序号	供应商类别	供应商单位名称	供应商联系方式	资质证件							备注
				营业执照	食品生产许可证	食品流通许可证	食品经营许可证	第三方检验报告	出入境检验检疫证明		

索票索证	各采购渠道的索证索票要求
	基础资质：营业执照、生产许可证、经营许可证、屠宰许可证
	每日肉类产品检疫证明
	产品合格证明
	购物凭证

供应商台账制度（示例）
为了加强供应商的管理和监督，规范供应商的行为，确保供应商提供的产品或服务质量符合餐厅的要求，提高餐厅的整体运营效率，特制定本制度。本制度主要通过建立供应商台账，对供应商的基本信息、产品信息、质量情况、交货情况等进行详细记录，以便公司对供应商进行科学、有效的管理。

供应商基本信息台账		
1	供应商名称 Name	供应商的法定名称，应与供应商的营业执照上的名称一致。

供应商基本信息台账		
2	供应商地址 Address	供应商的注册地址，应与供应商的营业执照上的地址一致。
3	供应商联系人 Contact Person	供应商指定的与公司联系的责任人，应具备良好的沟通能力。
4	供应商联系电话 Telephone Number	供应商联系人的联系电话，应保持畅通。
5	供应商邮箱 Email Address	供应商的电子邮箱，应用于日常的沟通和文件传输。
6	供应商法人代表 Legal Representative	供应商的法人代表，应具备合法的授权资格。
7	供应商营业执照号码 Business License Number	供应商的营业执照号码，应与供应商提供的营业执照上的号码一致。
8	供应商统一社会信用代码号码 Uniform Credit Code Number	供应商的统一社会信用代码号码，应与供应商提供的统一社会信用代码的号码一致。
9	供应商开户银行及账号 Bank Account and Account Number	供应商的开户银行及账号，应用于日常的付款及结算。
10	供应商资质证书 Qualification Certificate	供应商的相关资质证书，应证明供应商具备相应的生产或服务能力。
供应商产品信息台账		
1	产品名称 Name	供应商提供的产品名称。
2	产品型号 Model	供应商提供的产品型号。
3	产品规格 Specifications	供应商提供的产品规格。
4	产品产地 Origin	供应商提供的产品产地。
5	产品质量标准 Quality Standards	供应商提供的产品质量标准，应符合国家或行业的相关规定。
6	产品价格 Price	供应商提供的产品价格，应为本公司的采购价格。

续表

供应商质量情况台账		
1	供应商的质量管理体系 Quality Management System	供应商的质量管理体系应符合国家或行业的相关规定。
2	供应商的质量认证 Quality Certification	供应商的质量认证应有效，且认证范围应涵盖供应商提供的产品。
3	供应商的质量记录 Quality Records	供应商的质量记录应真实、完整，能反映供应商的质量管理水平。
4	供应商的质量问题 Quality Issues	供应商的质量问题应记录，并分析原因，采取措施防止再次发生。
供应商交货情况台账		
1	交货方式 Delivery Method	应符合公司的要求。
2	交货时间 Delivery Time	应符合公司的采购订单要求的交货期。
3	交货数量 Delivery Quantity	应符合公司的采购订单要求的数量。
4	交货质量 Delivery Quality	应符合公司的要求。
5	交货包装 Delivery Packaging	应符合公司的要求。
供应商台账的维护和管理		
1	供应商台账应由专人负责维护和管理，确保台账信息真实、准确、完整。	
2	供应商台账应定期进行审核，确保台账信息及时更新。	
3	供应商台账应妥善保管，防止台账信息泄露或损坏。	
供应商台账的使用		
1	公司各部门应根据需要，查询供应商台账的信息，便于进行日常的业务运作。	
2	公司各部门应根据供应商台账的信息，对供应商进行评估和选择。	
3	公司各部门应根据供应商台账的信息，对供应商进行监督和管理。	

保留文件，保障企业

为了保证原材料的安全性，必须从正规渠道采购原材料，并索取相关的资质证明，万一出现事故，可向供应商追索。

资质——生产许可证（模板示例）

食 品 生 产 许 可 证

生 产 者 名 称　　　　　　　　许 可 证 编 号
社 会 信 用 代 码　　　　　　　日 常 监 督 管 理 机 构
（ 身 份 证 号 码 ）
法定代表人(负责人)　　　　　　日 常 监 督 管 理 人 员
住　　　　所
生 产 地 址　　　　　　　　　　投 诉 举 报 电 话
　　　　　　　　　　　　　　　发 证 机 关
食 品 类 别
　　　　　　　　　　　　　　　签 发 人
　　　　　　　　　　　　　　　　　年　月　日

有 效 期 至　　年　月　日

国家食品药品监督管理总局监制

资质——食品经营许可证（模板示例）

食 品 经 营 许 可 证

经 营 者 名 称:　　　　　　　许 可 证 编 号:
社 会 信 用 代 码:　　　　　　日 常 监 督 管 理 机 构:
（ 身 份 证 号 码 ）
法定代表人(责任人):　　　　　日 常 监 督 管 理 人 员:
住　　　　所:　　　　　　　　投 诉 举 报 电 话:
经 营 场 所:　　　　　　　　　发 证 机 关:
主 体 业 态:
经 营 项 目:　　　　　　　　　签 发 人:
　　　　　　　　　　　　　　　　　年　月　日
　　　　　　　　　　　　　　　二维码

有 效 期 至　　年　月　日

国家食品药品监督管理总局监制

农业部蔬菜水果质量监督检验测试中心（广州）

Supervision and Testing Center for Vegetables and Fruits Quality, Ministry of Agriculture, Guangzhou

检 验 报 告

TEST REPORT

No:

样品名称 Name of Sample				样品原号 Original Name			
受检单位 Inspected Entity				检验日期 Date for testing			
	检测项目 Test Items	单位 Unit	实测值 Result	检测依据 Reference Documents	指 标 Index	单项结论 Conclusion	
1	乐果	mg/kg	未检出 （<0.01*）	GB/T 5009.20—2003	—	—	
2	马拉硫磷	mg/kg	未检出 （<0.05*）	GB/T 19649—2006	—	—	
3	杀螟硫磷	mg/kg	未检出 （<0.025*）	GB/T 19649—2006	—	—	
4	倍硫磷	mg/kg	未检出 （<0.0125*）	GB/T 19649—2006	—	—	
5	三唑磷	mg/kg	未检出 （<0.0375*）	GB/T 19649—2006	—	—	
6	毒死蜱	mg/kg	未检出 （<0.0125*）	GB/T 19649—2006	—	—	
7	甲基毒死蜱	mg/kg	未检出 （<0.0125*）	GB/T 19649—2006	—	—	
8	甲胺磷	mg/kg	未检出 （<0.01*）	GB/T 19649—2006	—	—	
9	三环唑	mg/kg	未检出 （<0.001*）	GB/T 5009.115—2003	—	—	
10	杀虫双	mg/kg	未检出 （<0.002*）	GB/T 5009.114—2003	—	—	
11	六六六	mg/kg	未检出 （<0.0004*）	GB/T 5009.19—2008	—	—	
12	滴滴涕	mg/kg	未检出 （<0.001*）	GB/T 5009.19—2008	—	—	

备注（Remarks）：*表示检测下限。

新鲜禽畜类——动物检疫合格证明和分割肉销售凭证（模板示例）

动 物 检 疫 合 格 证 明 (产品B)

流水号：　　　　　　　　　　　　　　　　　　No.

货　　主		产品名称	
数量及单位		产　　地	
生产单位名称地址			
目 的 地			
检疫标志号			
备　　注			

本批动物产品经检疫合格，应于当日到达有效。

官方兽医签字：＿＿＿＿＿＿

签发日期：　年　月　日

（动物卫生监督所检疫专用章）

（第二联）（共二联）

注：1. 本证书一式两联，第一联动物卫生监督所留存，第二联随货同行。
　　2. 本证书限省境内使用。

检 测 报 告
(Test Report)

样品名称
(Sample Description)

委托单位
(Applicant)

PONY 谱尼测试
Pony Testing International Group

MA 2015150587V　CNAS

中华人民共和国出入境检验检疫
ENTRY-EXIT INSPECTION AND QUARANTINE
OF THE PEOPLE'S REPUBLIC OF CHINA

卫生证书
SANITARY CERTIFICATE

产品合格证明文件 （第三方检验报告） 1次/年	出入境检验检疫证明 （进口食品）每批次 （同产品、同批号、同规格）

经验点——档案记录的保存期限

餐饮服务企业采购食品、食品添加剂、食品相关产品的，应当查验、索取并留存供货者的许可证照、产品合格证明等文件和每笔供货清单，按照采购品种、进货时间先后顺序建立采购记录，并保存相关凭证。记录、票据的保存期限不得少于食品保质期满后6个月。其他餐饮服务提供者相关采购记录、凭证的保存期限不得少于3个月。

技能考核

1. 参照本单元标准，上传检验肉类的图片，并写出验收时肉类的状态。
2. 参照本单元标准，上传检验蔬菜的图片，并写出验收时蔬菜的状态。
3. 参照本单元标准，上传检验包装类食品的图片，并写出验收时包装类食品的状态。

思考与实验

1. 通过网上查询资料，画出一份肉类验收标准图，要求包含图片与文字描述。
2. 通过网上查询资料，画出一份海鲜验收标准图，要求包含图片与文字描述。
3. 通过网上查询资料，画出一份蔬菜验收标准图，要求包含图片与文字描述。
4. 请分享一下你现时酱料的保存方法，特别是开瓶后的保存操作。
5. 通过网上资料，分析一下在岗位及仓库里，应如何实现"先进先出"的管理。

单元 6

西餐厨房的财务管理

在西餐厨房运营过程中,财务管理和预算控制在其中发挥着重要的作用。财务管理包括成本的控制、利润的提高等方面;预算控制则是为了确保财务管理目标能够得到有效执行。本单元将从常用计算方法及表格入手,简单介绍西餐厨房运营中的财务管理。

6.1　通用财务公式

任务 33 | 知识能力
掌握餐厅财务常见的计算公式及各项指标在厨房管理中的重要性
——
建议学习方法
案例、实操、分析

　　了解财务指标的计算方法可以帮助厨师更好地评估厨房乃至整个西餐厅的财务状况和盈利能力。本章将介绍多个重要的财务指标的计算公式，以便帮助学习者更好地了解西餐厅的财务状况。

实例——通用公式		
	财务项目	计算公式
1	人效（Profit per Capita）	＝月总营业额÷月总用工人数
	通过这个指标可以知道每个人在店里的贡献是多少。	
2	工资占比（Salary Proportion）	＝月总工资支出÷月总营业额×100%
	用来衡量企业用工人数是否偏高，营业额是否偏低，一般占营业额的9%～12%。	
3	座位利用率（Seat Utilization）	＝日就餐人次÷餐厅座位数×100%
	反映日均座位周转次数。	
4	餐厅上座率（Restaurant Occupancy）	＝计划期接待人次÷同期餐厅定员×100%
	反映接待能力和每餐利用程度。	
5	日均营业额（Average Daily Turnover）	＝计划期销售收入÷营业天数
	反映每日营业量大小。	
6	餐饮成本额（Catering Cost）	＝营业收入×（1－毛利率）
	反映成本大小。	
7	餐饮毛利率（Gross Margin）	＝（营业收入－原材料成本）÷营业收入×100%
	反映价格水平。	
8	餐饮成本率（Cost Rate）	＝原材料成本额÷营业收入×100%
	反映餐饮成本水平。	

续表

实例——通用公式		
	财务项目	计算公式
9	销售利润率（Sales Profit Margin）	＝销售利润额÷销售收入×100%
	反映餐饮销售利润水平。	
10	餐饮费用率（Expense Rate）	＝计划期流通费用额÷营业收入×100%
	餐饮流通费用水平。	
11	餐饮利润总额（Profit）	＝营业收入－成本－费用－营业税金
	反映营业利润大小。	
12	水电费（Utility Bills）	一般占营业收入的2%～3%
13	燃料费（Fuel Costs）	一般占营业收入的0.5%～1%

6.2　财务管理制度

财务管理制度在厨房管理中起着至关重要的作用。它不仅规范了厨房的经济活动，确保了原材料的合理领用和有效的盘点管理，还通过规范内部控制，提高了厨房运营的效益。具体来说，财务管理制度在厨房管理中的作用体现在以下几个方面。

6.2.1　规范账目管理

通过建立规范的盘存管理制度，确保每日账目登记、月度盘点等的准确性和真实性，避免了原材料使用的随意性和浪费。

6.2.2　保障餐厅经济健康、有序运营和发展

通过原材料使用的准确记录，了解每天经营的食材成本情况，合理安排财务资源和盈余，提高食物品质的同时，合理控制采购成本，提高利润。

6.2.3　原材料的领用

	任务 34	管理能力
	熟知原材料仓库盘点制度
	————
	建议学习方法
	案例、实操、分析

	程序	标准
1	下达食品领料单 Issue Food Pick-up List	各组主管根据每天接到人次及各组生产任务量（参照前几天食品原材料消耗情况），确定领料数量。
2	领用 Use	根据领用单领取所需食品，并检查食品规格，校对食品保质期等，使其符合本组生产标准；食品若过期、外表破损等须予以退回。

各部门领料时间及领料人

领料部门:西饼房
领料时间
8:30—9:00
姓名:
电话:

领料部门:热菜厨房
领料时间
9:00—9:30
姓名:
电话:

领料部门:冷菜厨房
领料时间
9:30—10:00
姓名:
电话:

领料部门:前厅
领料时间
10:00—10:30
姓名:
电话:

5S　1S-常组织　2S-常整顿　3S-常清洁　4S-常规范　5S-常自律

6.2.4　盘点管理制度

	程序	标准
1	存货盘点（Inventory Counting）	
	存货盘点	系指原材料、调味料、餐具器皿等。

2	盘点时间（Inventory time）	
	每15日盘点 Inventory Every 15 Days	每15日盘点一次，由厨房各组主管及财务部实施全面清点一次。
	年中、年终盘点 Mid-year/year-end Inventory	由各组主管、采购员会同财务部门于年（中）终时，实行全面总清点一次； 年中盘点时间是6月30日； 年终盘点时间是12月31日。
3	人员的指派与职责（Personnel Assignment and Responsibilities）	
	主盘人 Main Person	由各组主管担任，负责实际盘点工作的推动和实施。
	盘点人 Counter	由各组主管指派，负责点计数量。
	监盘人 Supervisor	由总经理派人担任。
	会点人 Assistant Counter	由财务部指派，负责会点并记录，与盘点人分段核对数据工作。
	协盘人 Assistant	由各组主管指派，负责盘点时料品搬运及整理工作。
4	盘点实施要求	
	①要求主盘人、盘点人、协盘人等严格按照盘点程序进行，不得徇私舞弊。 ②盘点时要力求物品的安全。 ③盘点结束时，要求盘点小组各成员均按职责划分签名确认。 ④盘点结束后，由财务部将盘点情况进行总结，上报总经理，特殊情况要着重指出，盘点结果进行存档。 ⑤根据盘点情况，对盘亏、盘盈等情况做出处理决定，并存档。	

6.2.5　厨房原材料盘存表

品名	单位	月　　日					月　　日				
		昨日库存	今日加工	中午售出	晚上售出	今日库存	昨日库存	今日加工	中午售出	晚上售出	今日库存

6.2.6　厨房成本的控制和管理

	管理规定	
	财务项目	计算公式
1	厨房成本的核算程序	厨房期初剩余物品的金额＋本期购进菜总价＋厨房本期领用的调料总价－期末盘点菜品总价＝本期厨房的直接菜品成本
2	厨房成本的控制应做好以下几个方面：	

①严格控制菜品出品率、确保投料准确，厨房要有专人负责，投料后的边角料验明质量后，投到员工餐，以改善员工伙食。
②采购员采购的直拨到厨房的菜品要由行政总厨、保管员验明质量签名后方可办理入库，入库的菜品厨房要有专人负责管理，并且要对菜品进行分级管理，对价值高、保存期限要求严格的物品要单独保管。
③对调料的使用也要严格按照标准菜谱进行投放。
④各组主管要对本组每日剩余的菜品做到心中有数，要确保营业需要，又要使厨房库存成本压缩到最低限度，减少流动资金占有量，达到降低本酒店经营总成本的目的。
⑤财务人员每天要对厨房出品率进行抽查，以监督各组主管的各项工作。

6.2.7　月度菜品毛利分析表

编号	品名	单位	成本				应出份数			实际销售					标准毛利率
			用量	辅料	主料	金额	分量	出成率	应出份数	销售数量	销售单价	纯收金额	出成率	毛利率	

6.2.8　退菜记录单

日期	账单号码	退菜	退菜金额	退菜原因	管理组签名	收银员签名	责任人签字

6.2.9　菜品量化管理

任务 35｜管理能力
掌握标准菜谱的制作
——
建议学习方法
案例、实操、分析

标准菜谱示例			
菜品名称 Dish name			
主料 Ingredients	分量 Quantity	选料标准 Select Standard	切配标准 Cutting Standard
辅料 Excipients	分量 Quantity	选料标准 Select Standard	切配标准 Cutting Standard

续表

调料 Condiment	质量 Weight	调料 Condiment	质量 Weight	调料 Condiment	质量 Weight

烹调制作 Cooking					
装盘标准 Packing standard	容器规定 Container	碟头要求 Dish		菜型标准 Modelling	注意事项 Caveat

菜品特点 Dish features	口味（Flavours）				
	营养（Nourishment）				
	目标客群（Target）				
菜品预计成本 Cost		菜品成本上限 Cost Ceiling		菜品建议售价 Suggested Selling Price	
毛利率 Gross Margin					

菜品档案表示例								
品名 Name	分量 Quantity	主料 Ingredients		辅料 Excipients		调料 Condiment		盛器规格 Container
		名称 Name	数量 Quantity	名称 Name	数量 Quantity	名称 Name	数量 Quantity	

自助餐常用菜品量化标准示例			
菜品名称 Name	菜品配料 Ingredients	菜品名称 Name	菜品配料 Ingredients
法式扒春鸡	鸡边腿6千克	黑椒汁羊扒	羊排6千克
日式鳗鱼饭	烤鳗8千克 白米饭2.5千克	日本清酒焗黄螺	花螺6千克
烤生蚝	半壳生蚝70粒 蒜茸1千克	水果沙拉	苹果2.5千克 哈密瓜3千克

技能考核

1. 综合运用财务公式，试分析一家餐厅的厨房人效及餐饮毛利率。（餐厅当月菜品营收127万元，每月原材料采购成本48万元，厨房总人数32人。）

2. 参照厨房原材料盘存表，以羊架、西冷牛肉、T骨牛排、吞拿鱼等为例，进行模拟填写。

3. 参照退菜记录单，并在网上搜索退菜的案例，进行模拟填写。

思考与实验

1. 假设你是行政总厨，试分配各组领料时间，并根据示例图片，绘制领料人责任卡。

2. 通过网上查询资料，并结合标准菜谱，写出"香炸比目鱼柳""维也纳小牛排"的标准菜谱。

结束语

在西餐厅的厨房管理中,成功的关键不仅在于技术和工艺,更在于高效的管理和团队协作。通过本书的学习,我们深入探讨了厨房的日常厨务管理,从岗位职责、职业素养到岗位晋升;从工具的使用到工具的规范化管理;从岗位的卫生管理到食品及生产安全的管理;从原材料的验收到规范保存,以及日常的财务管理,这些管理措施和操作流程的核心目标是实现更高的标准和更优的品质。同时,为进一步提升厨房的管理水平,我们必须强调一个关键的管理方法——5S管理。

5S管理不只是一个理论上的管理工具,它的实施能够在实际操作中带来显著的效益。通过5S管理,西餐厅的厨房能够实现更高的工作效率、更少的资源浪费以及更高的食品安全标准。这不仅能提升厨房的整体运营水平,还能为顾客提供更优质的餐饮体验。

在快速变化的餐饮行业中,厨房管理的挑战不断升级,但只要我们坚持精益求精、不断创新,并结合5S管理方法,一定能保持竞争力和卓越品质。希望本书能够为您提供实用的指导和灵感,帮助您在西餐厅的后厨管理中取得显著的成绩。

感谢您阅读本书,也希望您能够在实践中不断完善自己的管理技能,为餐厅的成功和客户的满意贡献力量。无论面对怎样的挑战,请记住,优秀的厨房管理不仅能提升餐厅的效率,更能为每一位顾客带来难忘的用餐体验。

愿您的后厨管理之旅充满成功与成就,也愿5S管理的理念成为您提升管理水平的强大工具,让您在竞争激烈的餐饮行业中脱颖而出。

参考文献

[1] 国家市场监管总局. 餐饮服务食品安全操作规范[S]. 北京，2018.

[2] 国务院. 中华人民共和国食品安全法实施条例[S]. 北京，2019.

[3] 恰克·威廉姆斯. 西餐厨房用具使用宝典[M]. 北京：机械工业出版社，2023.

鸣谢

韩　旭　广东工程职业技术学院

陈欢欢　广东工程职业技术学院

陈柔豪　广东外语艺术职业学院

陈伟波　东莞市高技能公共实训中心

陈锡泉　东莞市技师学院

丁　玄　佛山市技师学院

邓振锋　清远市技师学院

龚衍英　东莞市技师学院

黄益宏　中山市现代职业技术学校

李正旭　惠州城市职业学院

林浩庭　广州市白云行知职业技术学校

罗树栋　广东省电子商务技师学院

谭小苗　广东文艺职业学院

杨莹汕　广东文艺职业学院

叶易泉　茂名市东南高级技工学校